まえがき

筆者は、保育者として子どもにかかわったことがある。

そして、ある時、ある子どもに出会い、その子どもに深くかかわっていく中で、「子どもは自ら成長しようとする」のではないか、ということに気づかされた。筆者は、その後さらにいろいろな子どもとかかわり、その子ども以外のいろいろな子どもの、いろいろな姿の中に、「子どもは自ら成長しようとする」ということがあるのだ、ということに気づかされた。

また、筆者は――ある１人の子どもに出会い、自ら成長しようとしているのだと気づかされたとき――その子どもの自ら成長しようとすることを、決して踏みにじってはならない、大切にしたい、と強く思った。そこで、そのあと、子どもの自ら成長しようとすることを大切にする保育者のかかわりについて、考察を深めていこうとした。

本書は、筆者の、この気づきと考察をまとめようとしたものである。

大変つたないものではあるが、本書を、幼児教育に関心のある方、将来幼児教育の職に就きたいと考えている方、そして、幼稚園・保育所で子どもの保育に日々携わっている方々から読んでいただきたい。本書がその学びになんらかの仕方で貢献できなら、著者にとってこの上ない喜びである。

鈴木　政勝

目　　次

序　章

山田洋子氏は、『乳幼児の社会的世界』のなかで、ゆうという当時2歳5ヵ月の子どもの次のようなエピソードをあげている。

母とゆうとで姉の保育園へ遊戯会を見に行く。姉の友だち2人（3歳）といっしょに見る。ゆうがまだ哺乳びんを使用しているのを見て、2人が「ゆう君赤ちゃんだねえ。まだ哺乳びんで飲んでいるの」と言った。そのときは「ユーアカチャント　チガウ」と言っただけであったが、その夜「ユー　オチュメチュルノ　イヤ」と言うので、母が「おしめしないのなら、ジャージャー（牛乳）もなしよ」と言うと「ユー　ジャージャーノマズニ　ネンネチュル」と自分から言い、ほんとうに飲まずに母の手をつかんで寝た（いままでも、自分から同様なことを言い出したことはあったが、眠るまぎわになると、どうしても飲まずにはいられなかった）。翌朝「ユー　モウアカチャン　ジャナイ」と言う。さらに、翌日「ユー　モウアカチャン　ジャ　ナイ」「チィ（姉）ト　オンナジネ」と言う。(1)

筆者がこのエピソードを読んだのはもうかなり前のことであるが、筆者は、このゆうの生き、生活する姿にひきつけられた。

この時2歳5ヵ月のゆうは、姉の保育園に遊戯会を見に行く。ゆうは、そこでは、哺乳瓶を口にくわえていた。姉の友だち（3歳）がそのゆうをみて「(哺乳瓶で飲んでいる）赤ちゃんだ」と言う。つまり、ゆうを「赤ちゃんである」と認識する。

この時期のゆうは——まだはっきりと自覚しているのではないが——「自分はもう赤ちゃんではない、既に大きい自分である」と自覚（自己認識）している。そして、同時に「大きい（お兄ちゃんである）自分になりたい」と思っている。

こうしたゆうに対して、姉の友達が、「赤ちゃんである」と認識する。

ゆうは、「赤ちゃんである」と認識されると、悲しい。ゆうは、「いや、そうではない、自分はもう赤ちゃんではない、既に大きい自分であるのだ」と改めて自覚（自己認識）する。そして同時に「大きい自分になりたい」と思う。

そこでゆうは、「自分は既に大きい自分である」ということを、確かめる（確証する）ことをしようとする。また、「大きい自分になりたい」という思い（願い）を実現しようとする。ゆうは、確証—実現しようとして、おしめをすることをしないということを選ぶ。おしめをすると周りの人は「赤ちゃんである」と見なす。ゆうは、その「赤ちゃんである」と見なされるおしめをすることをしないことを選ぶ。「ユー　オチュメチュルノ　イヤ」と言い、自分からおしめをすることをしないという行動をする。

そうすると、周りの人は、「ゆうは、おしめをしない、だからもう赤ちゃんではない、既に大きい子どもである」と認識する。また、「ゆうは、おしめをしない、だから大きい子どもになったのだ」と認識する。そこで、ゆうも——この周りの人の認識を受けて——おしめをすることをしないという行動をした自分を、「そうだ、自分はおしめをしない所の既に大きい自分であるのだ」と認識し、また「おしめをしない所の大きい子どもになったのだ」と認識する。

ゆうは、このことを行う。

ゆうは、このことを行うことを通して——第三者の立場から見ると——自ら、おしめをしない所の大きい自分になっていく（大きい自分へと成長していく）、ということができる。

この本を読んだ当時、筆者は、幼児教育を研究する者として、「子どもはどのように成長していくのか」ということを日々考えていた。考えを積み重ねる中で、子どもというのは生き、生活することにおいて、「自ら成長しようとする」のではないか、と考えるようになってきた。

ユウのこの姿は、筆者には、子どもが生き生活することにおいて「自ら成長しようとする」ということの姿を端的に示しているものとして、見えたのである。

以下、本書では、発達的時期や場面の異なる何人かの子どもの生き、生活する姿を、取り上げる。そしてその子どもが、その場面で、どのように自己認識するのか、どのように思うのか、どのように確証―実現しようとするのか、どのような成長をするのか。詳しく分析することを行う。詳しく分析することを通して、その子どもが「自らどのように成長しようとするのか」明らかにしたい。

そして――このことの分析を踏まえ――保育者は、子どものこのことに対して、どのように援助したらよいのか、考察することにしたい。

【註】

（1）小嶋秀夫編『乳幼児の社会的世界』有斐閣、1989年、218-219頁

第１章　子どもが人・物を探索し知っていこうとする場合

第１節　子どもは、穴を探索し知っていこうとするとき、どのようにするだろうか

子どもは、人・物を探索し知っていこうとするとき、どのようにするだろうか。

本章では、子どもが人・物を探索し知っていこうとすることの一つの場合として、子どもが穴を探索し知っていこうとする、という場合を取り上げる。

子どもは、生き、生活する中で、いろいろな穴に出会う。家や保育所の木の床には、穴があいている。塀のブロックにも穴があいている。台所の流しには、水が流れ出る穴がある。そして田や畑には、へびやモグラのあけた穴がある。

子どもが、これらの穴に出会ったとき、どのようにしようとするだろうか。

今井和子氏は、『自我の育ちと探索活動―３歳までのあそびと保育―』[(1)]の中で、子どもが穴に出会った時の様子を、次のように描いている。

> （中略）、たかちゃん（１歳10ヵ月）は、ベッドの下にもぐり込み、マットの穴から満足このうえもない顔をして、わらを１本１本引き抜いています。（中略）そして、何本もくり返し引き抜くと今度は、キョロキョロと床に目を移し、小さな床穴をみつけ掌のわらを落とします。１本落とし込むたびに手を叩き……。[(2)]

> また、他の子どもはというと、自分のロッカーの中に入り込み、内側に貼ってあった洋服かけの名前やシールを黙々とはがしています。また、どこから見つけてくるのか、小さなゴミをつまんできて床穴につめこんでいる子どももいます。[(3)]

保育園の流し台は、子どもの背の高さに合わせて作られているので、その流しの穴に目をつけた１、２歳児たちが「これは入るかな？」「あれっ、だめだ」「それでは、こっちはどうだろう……」と次つぎ、穴にすっぽり入りこむ物を探してきて入れようとするので、これには閉口してしまいます。[4]

のぞむくん（１歳11ヵ月）とせいじゅくん（１歳10ヵ月）の２人は、(中略)、ある家のブロック塀のところに立ち止まると、いつものように穴をのぞきこみ、２人はその穴から自分のもってきたボールをそれぞれ押し込んでしまいました。せいじゅくんは、「あれれれ……」といっただけで、塀の内側に落ちてしまったボールのことなどおかまいなしにまたトコトコ歩きだしたのです。が、のぞむくんは、しばらく穴をのぞきこみ、ボールがどこにいってしまったのか、探しているようすでした。けれどもみつからないと、塀をたたいたり、穴から「おー、おー」と呼んでなんとかボールを返してもらいたいという行為を示しました。そこで、家の方には申しわけなかったのですが、玄関の呼び鈴を鳴らしボールが庭に入ってしまったことを詫び、それを取ってもらいました。

ボールが見つかったときののぞむくんのうれしそうな顔！「あった！、あった！」に私は、はっとしました。彼には、なくなったボールが、今、目の前になくなってもちゃんと塀の内側にあるということが分かっていたわけです。そしてボールを見たとき「やっぱりあった！」という自分の思いがたしかだったことを大喜びしたのです。[5]

ついたての片側の穴から、そこに入れる物を探してきて入れた子が「あれっ」とその裏側に回って、今自分が落とした物を見つけると、「あった」とうれしそうに拾って、また元の所から入れ……反対側にまわって取ってくる、この繰り返しを楽しみ（中略)。[6]

保育園のまわりの石垣には、ところどころ雨水を流し出すための丸い管が通っています。子どもたちは、ちょうど片手をつっこめるほどの穴なのですが、そこを通るときはかならずといっていいほど、「あっ」と走り寄っていって、まず、のぞき込みます。穴の奥は暗くて何も見えないのですが、首をかしげ、どうしたら見えるだろうかと穴に顔を押しあてて必死です。暗くて何も見えないとわかると、次には手をつっ込み、そこで思いがけず小石でもつかもうものなら宝物でも見つけたかのように大喜びして握りしめています。[7]

散歩の途中、ブロック塀のひし型の穴に出会ったりすると愉快です。塀で遮断された向こう側の、未知の世界を見る楽しみが大きいのでしょう。穴に顔をはりつけて５分、10分と動かなくなるのです。黙々と見続ける子どももいれば、「あっ！あった　あっ　また　あった」と何か発見するごとに歓声をあげるので、他の子どもがじっとしていられなくなり、たちまち「ぼくも」「だめっ」のトラブルになってしまいます。[8]

ここに描かれた子どもの姿からわかるように、子どもは、穴に出会うと、たちまちそれにとりつかれる。そして、探索し、知っていこうとする。

そのとき子どもは、その探索（知ろうとすること）を、二つの方向に進めていく。

１つは、穴に出会う。と、その中に何かを入れこみたくなる。入れこむことをしていると、ある時、別の穴からある物が出てくるということを知る。そこで、穴の中にある物を入れることと別の穴からある物が出てくることとの関係を知りたいと思うようになる。そこで、その関係を知っていこうとするという方向である。

もう一つは、穴に出会うと、その穴の中はどうなっているのか、その中に何がいるのかを知りたいと思う。そこで、その穴の中をのぞきこんだり、手をつっこんだり、あるいは棒でつついてみたりして、知っていこうとするという方向である。

第2節　子どもが穴に出会って一つ目の方向を進むとき

子どもが、穴に出会って、一つ目の方向を進むとき、子どもは、そこで、どのようなことをするのだろうか。

（1—1）　子どもは、まず、穴に出会うと、その中に物を入れこみたいと思う。子どもであれば、どの子どももこのように思うのである。そこで、子どもは、自分の周りから入れこむ物を探してきて、穴に入れこむことをする。

穴に入れこむと、嬉しい。時には——上に引用した「たかちゃん」の姿にみることができように——「手を叩いて」喜ぶ。

子どもが、穴に入れこむことをしていると、子どもは——穴にある物を入れたら別の穴からある物が出てくるという状況において——別の穴からある物が出てくる、ということを、発見する。発見すると、嬉しい。

そこで、子どもは、穴にある物を入れることと別の穴からある物が出てくることとの関係を知りたいと思うようになる。子どもは、穴にある物を入れこみ、そして、別の穴からそれが出てくるか、その関係を知ろうとする。

そして、穴にある物を入れこんだら別の穴からそれが出てくる、という関係にあることが分かると、喜ぶ。

ちなみに、子どもにおける、このこと、すなわち、子どもが穴にある物を入れることと別の穴からある物が出てくることに関係があることを知ると、その関係を知りたいと思い、自分から知っていこうとする、ということは、T.G.R.バウアーが紹介している次のような実験においても見ることができる。

Rapousekは、赤ん坊に小さな光点を提示した。それは赤ん坊が、正しく頭部を回すとスイッチが入って光がつくようになっているのである。赤ん坊は光のつけ方を見つけるまで、かなりの活動量を費やした。そして、つけ方を見つけてしまうと、そのあと頭部の運動の頻度は次第に低くなっていく。しかし随伴関係を変化させてやると、光をつけるためには、今までと異なる頭部運動が新たに要求される。そこで赤ん坊はおそかれ早かれ事態の変化に気付くことになる。すると活動が爆発的に増加し、その後、正しい対応関係を見つけると、強い微笑が見られる。それから活動量は、ふたたび低くなっていく。もう一度随伴関係を変えると、また問題を解決するまで赤ん坊の活動は活気づくのである。(9)

Monnierは、Rapousekと類似の実験を行ったが、そこでの赤ん坊は、自分の両腕や両脚を動かすことによって、おもちゃの車をコントロールできるようになっている。各々の腕や脚が装置につながっており、そこでの赤ん坊の課題は、どの腕や脚を動かすと車が作動するかを見つけることにある。4か月頃の赤ん坊は、多くの活動を試みて、その問題の解き方を発見したのである。しかし、この腕や脚の動きによる成功は多少とも偶然的に発見されたようにみえる。ところが、それよりも年長の赤ん坊では、たいへん系統的に課題へアプローチするようになる。まず最初に一方の腕を動かし、次には他方の腕、それから一方の足、そして他方の足へと順に進んでいく。随伴関係が変えられて、以前にうまくいった腕や脚では成功しないようになると、赤ん坊は、今度はどの手脚の動きが車を動かす原因となるのか、それを見つけるまで動作を繰り返した。(10)

これらの実験において見ることができるように、子どもは、自分の行うことと、光がつく、つかない（あるいは車が作動する、作動しない）こととに関係があるということを知ると、その関係を知りたいと思う。Monnierの実験が示しているが、生まれてまだ4か月の赤ん坊さえ、この関係を知りたいと思うのである。そして、子どもは、自分からその関係を知ろうとしていく。一つ目の実験では、頭のある回し方をし、光がつくかどうか見る。もし光がつかなったら、次に、別の回し方をし、光がつくかどうか見る。こうしたことを行っていき、頭のある回し方→光がつく、つかないという関係を調べていく。

そして、子どもは、その関係を知ると、嬉しい。嬉しさに微笑むことをする。

子どもは、また、穴に出会ってこのようにする時、このことをするだけでなく、自分のしていることを、親、保育者、他の子どもなどに「ほら、見て」といって見せようとする。あるいは、「自分は今このように穴に入れているのだよ」「自分は今知ろうとしているのだよ」「穴に入れた。嬉しい」「これこれの関係がわかった。嬉しい」と、表情、言葉を使って、伝えようとする。

親、保育者、他の子どもがこれに応えて、受け入れてくれたり、認めてくれたりすると、嬉しい。

（1―2）子どもは、穴の中にある物を入れこむと別の穴からある物が出てくるという関係を知った。その関係を知ったとき、どうするだろうか。多くの場合、子どもは、その知ったことを確かなものにしようと思うだろう。

そこで、子どもは、もう一度、穴にある物を入れこもうとする。穴にある物を入れると別の穴からそれが出てくるだろうと予測しつつ、穴にある物を入れこもうとする。そして、予測通り、別の穴からそれが出てくるかどうか、捉えようとする。

もし、穴に入れたある物が、予測どおり別の穴から出てきた場合には、子どもは、やはり、喜ぶ。その場合の喜びというのは――穴にある物を入れたら別の穴からそれが出てくるかどうか分からなかった、その分からなかったことが分かった、という喜びではなく――自分の知ったこと、予測したことがその通りであった、間違いではなかった、という喜びである。

（2）子どもは、自分の知ったことを確かなものした。では、その次に、どうするだろうか。

子どもは、ある穴においてその穴にある物を入れると別の穴からある物が出てくることを確かなものにした。そこで、それを超えて、他の穴を探し、その他の穴にある物を入れると別の穴からそれが出てくるのかどうか、その関係を知りたいと思うようになるのではないだろうか。

子どもは他の穴を探そうとする。子どもは、木にあいている穴とか、ホースの穴とか、あるいは水路に設置されている土管の穴とか、他の穴を探そうとするだろう。そして、それらの穴を見つけると、ある物を入れこみ――別の穴からそれが出てくるのではないかという予測をもって――その関係を知ろうとする、ということをしていく。

他の穴において、ある物を入れこむと別の穴からある物が出てくるという関係を知る。「他の穴においてある物を入れこむと別の穴からある物がでてくるという関係について知った」と自己認識（感じる）する。嬉しい。

以上、子どもが、穴に出会って一つ目の方向に進むとき、子どもはどのようにするのか、述べた。二つの目の方向に進むときは、どうであろうか。

第3節　子どもが穴に出会って二つ目の方向を進むとき

（1―1）子どもは、穴に出会うと、穴の中はどうなっているのか、中に何がいるのか、知りたいと思う。

そこで、顔を近づけてのぞきこんだり、手をつっこんだり、あるいは棒でつついてみたりして、知ろうとする。

子どもがのぞきこんでいたら、例えばへびが出てきた。その時子どもは、穴にはへびが住んでいるのだと知る。「穴にはへびが住んでいることについて知った」と自己認識する（感じる)。嬉しさを感じる。

（1―2）子どもは、穴の中にへびが住んでいることを知った。そのことを知ると、どうするだろうか。多くの場合、子どもは、その知ったことを確かなものにしようと思うのではないだろうか。

そこで子どもは、もう一度――穴の中にはへびが住んでいるのでへびが出てくるだろうと予測しつつ——のぞきこんだり、棒でつついたりしようとする。そして、予測通りへびが出てくるかどうか、捉えようとする。

その結果、へびが出てくるならば、子どもは、自分の知ったこと、予測したことは正しかった、間違いではなかったと感じ、喜ぶ。

しかし、もちろん、確かなものにしようとして、のぞきこんだ結果、へびではない、何か別のものが出てくるということもありうる。子どもは、その時、どうするだろうか。

今井和子氏の『自我の育ちと探索活動』の中に、こうした時の子どもの姿を描いたものがあるので、引用してみたい。

５月、休耕の畑地であそんでいたとき、ところどころに穴があいているのを見つけたのぞむくん（２歳１カ月）とせいじゅくん（２歳）

「なんのあなか？」（せいじゅ）

「へびのあなだよ」（のぞむ）

といいながら、そこにしゃがんでじいっとしていました。そばに棒っ切れを見つけたせいじゅくんは、穴にその棒っ切れをつっこんで、「でてこい、でいこい」と穴をひっかきまわしていました。そばで見ていたのぞむくんは、「こわい　こわい」と後ろに退いて見ていましたが、何も出てこないとわかると、せいじゅくんは他のところにあそびにいってしまいました。のぞむくんもほんの少しそこを離れてあそんでいましたが、穴のことがどうも気にかかるとるとみえ、また戻ってきて「へびさん、でてくるかな……へびさんでてくるかな……」とひとりごとをいいながら穴をじっと見ていました。が、その後、急に大きな声で「見て、へびじゃない　へびじゃない」と呼びました。私は急いでのぞむくんのところにかけ寄って穴を見てみましたが、そこにはもう何もいませんでした。もしかしたら、のぞむくんは、穴でモグラを見たのではないかと思います。畑地の穴には、モグラが出入りするような土のもりあがった所が点々としていましたから。

それにしてものぞむくんは、自分が予想していたへびではなかったことが心に強く残ったようで、散歩から帰ったあと、会う人ごとに「へびじゃなかった」と訴えるのでした。そして、夕方母親がむかえに来たときも、まっ先に「へびじゃなかったの！」と報告する姿をみて、自分の予想がはずれたことだけが強烈な印象となったようすでした。ものごとに予想がつきはじめると、幼児にとって意外性がどれだけ大きな感動であるかをつくづく感じたのです。

以後、のぞむくんが戸外の穴に誰よりも強い関心を示し、「なにがでてくるか……」といいながら周囲の穴をめざとく見つけて探る姿が見られたことはいうまでもありません。[11]

このぞむくんの姿に見ることができるように、子どもは、確かなものにしようとして、予測した通りでない結果がでた場合、驚くのである。このぞむくんの姿は、その時の子どもの驚きがいかに大きいものであるか、ということを示している。

子どもは、また、この時、このようにするだけでなく、自分のしようとしていること、その喜び、驚きなどを、親、保育者、他の子どもなどに、伝えようとする。このぞむくんは、穴にへびが住んでいることを既に知っていて、それを確かなものにしようとして穴をのぞきこんだが、なんとへびではないものが出てきて驚いた。そこで、「会う人ごとに『へびじゃなかった』と訴える」ことをしている。また、「夕方母親がむかえに来たときも、まっ先に『へびじゃなかったの！』と報告する」ことをしている。このぞみ君の姿に見ることができるように、子どもは、自分のしようとすることやその喜び、驚きを、親、保育者、他の子どもなどに、伝えようとする。

もし、親、保育者、他の子どもたちが、それに共感してくれたり、認めてくれたりすると、嬉しい。

（2）子どもは、「穴にへびが住んでいる」ことを知り、それを確かなものにした。子どもは、次に、どうしようとするだろうか。子どもは、ある穴において、その穴にへびが住んでいることを確かなものにしたので、それを超えて、他の穴を探し、その他の穴においてへびが住んでいるのか知りたいと思うようになるのではないだろうか。

そこで、子どもは、他の穴を探そうとする。田の穴だけでなく、畑にあいている穴や道路にあいている穴も探そうとする。そして、それをのぞきこみ、あるいは棒でつつき、その穴からへびが出てくるのではないかという予測をもって、知ろうとしていく。

子どもは、自分が最初に出会った穴だけでなく、他の穴においてもへびが住んでいることとを知る。「他の穴においてもへびが住んでいることを知った」と自己認識する（感じる）。嬉しさを感じる。

さて、子どもが穴に出会って、二つ目の方向に進むとき、子どもはどのようにしていくのか見てきた。

たしかに、一つ目の方向に進むか、二つ目の方向に進むかによって、子どものしようとすることは、異なる。一つ目の方向では、「穴にある物を入れこむと別の穴からある物が出てくるという関係」を知ろうとする。二つ目の方向では「穴に何が住んでいるか」知ろうとする。このように、知ろうとする対象は異なっている。たしかに、このように異なっているのだが、子どもは、共通に、次のことをしようとする。

（1—1）　穴に出会うと――穴にある物を入れこんでいると別の穴からある物が出てくるという関係を発見し――その「関係」を知りたいと思う。また「その中に何が住んでいるか」知りたいと思う。そこで、自分からその「関係」を知っていこうとする。「何が住んでいるか」知っていこうとする。「関係」を知る。また、「何が住んでいるか」知る。「関係について知った」「へびが住んでいることを知った」と自己認識する（感じる）。嬉しい。

（1—2）知ると、その知ったことを確かなものにしたいと思う。そこで、自分から確かめなものにしようする。確かなものにすると、嬉しい。

（2）ある穴において「ある物を入れこむと別の穴からある物が出てくるという関係」を知り、確かなものにした。ある穴において「穴にへびが住んでいる」ということを知り、確かなものにした。そうすると、それを超えて、他の穴において「ある物を入れこむと別の穴からある物が出てくるという関係」を知りたいと思うようになる。他の穴において「穴にへびが住んでいる」か知りたいと思うようになる。

子どもは、そこで他の穴を探し、他の穴においてこのことを知っていこうとする。「他の穴においてこのことを知った」と自己認識する（感じる）。嬉しい。

子どもは、このようにする。

子どもは、このようにして、自ら成長しようとするのである。

【註】

（1）今井和子著『自我の育ちと探索活動―3歳までのあそびと保育―』ひとなる書房、1994年
（2）同上、14頁
（3）同上、15頁
（4）同上、19頁
（5）同上、20-21頁
（6）同上、21頁
（7）同上、16頁
（8）同上、16頁
（9）T.G.R.バウアー、岡本他訳『乳児期　可能性を生きる』ミネルヴァ書房、1980年、128頁
（10）同上、129頁
（11）今井和子著『自我の育ちと探索活動―3歳までのあそびと保育―』ひとなる書房、1994年、29-30頁

第2章　子どもが「大きくなった・大きい自分になった」と自己認識する場合

第1章では、いわゆる自我というものが誕生する以前の子ども、その子どもが、人・物に出会い探索し知っていこうとする場合、どのようにしようとするのか、子どもが穴に出会い知っていこうとする場合を例にとって、明らかにした。

しかし、子どもに自我が誕生してくる。

子どもに自我が誕生してくると、子どもが人・物を探索し〜について知ったとき、「自分は〜について知った」「自分は〜について知った自分である」と（自己）認識するようになる。自我が誕生する以前は「〜について知った」と（自己）認識するだけであったが、そうではなく、「自分は〜ついて知った」「自分は〜について知った自分である」と認識するようになる（以下、「自分は〜ついて知った」「自分は〜について知った自分である」ということを、「〜ついて知った・〜について知った自分である」とも表記したい）。

また、子どもに自我が誕生してくると、子どもが〜ができるようになったとき——自我が誕生する以前は「〜ができるようになった」と（自己）認識するだけであったが——「自分は〜ができるようになった」「自分は〜ができる自分になった」認識するようになる（以下、「自分は〜ができるようになった」「自分は〜ができる自分になった」ということを、「〜ができた・〜ができる自分になった」とも表記したい）。

さらに、子どもに自我が誕生してくると、子どもが「大きくなった」「強くなった」「賢くなった」「美しくなった」と（自己）認識するとき、「自分は大きくなった」「自分は大きな自分になった」、「自分は強くなった」「自分は強い自分になった」、「自分は賢くなった」「自分は賢い自分になった」、「自分は美しくなった」「自分は美しい自分になった」と自己認識するようになる（これらも、同じように、表記したい）。

本書では、以下、子どもが、どのようにして、「自分は〜について知った」「自分は〜について知る自分になった」、「自分は〜ができた」「自分は〜ができる自分になった」、「自分は大きくなった」「自分は大きな自分になった」、「自分は強くなった」「自分は強い自分になった」、「自分は賢くなった」「自分は賢い自分になった」、「自分は美しくなった」「自分は美しい自分になった」といった自己認識を獲得していくのか、また、こうした自己認識を獲得すると、子どもは、その場面あるいは次の場面において、どのようなことをしようとするのか、考察することにしたい。

そのさい、「自分は〜について知った」「自分は〜について知った自分になった」、「自分は〜ができた」「自分は〜ができる自分になった」と自己認識する場合と、「自分は大きくなった」「自分は大きな自分になった」、「自分は強くなった」「自分は強い自分になった」、「自分は賢くなった」「自分は賢い自分になった」、「自分は美しくなった」「自分は美しい自分になった」と自己認識する場合の二つに分け、前者に関しては、その中の「自分は〜ができた」「自分は〜ができる自分になった」と自己認識する場合をとりあげて考察したい。また後者に関しては、その中の「自分は大きくなった」「自分は大きな自分になった」と自己認識する場合をとりあげ考察したい。

まず、本章では、「自分は大きくなった」「自分は大きな自分になった」と自己認識する場合をとりあげる。

第１節　子どもは、どのようにして「大きくなった・大きい自分になった」という自己認識を獲得していくのか

矢野喜夫、矢野のり子氏は『子どもの自然誌』において、Ｗという子ども（当時２歳９ヶ月）の次のような事例をあげている。

> ２歳９ヵ月ころから、食事のとき食べ終えると、食器棚のガラスに映る自分を見て「オーキクナッタ」というようになった。２歳10ヵ月19日のときには、朝食を少し食べただけで食卓の椅子の上にあがり、

例によって食器棚のガラスに自分の姿を映して母に、「ゴハンタベヘン（食べない）カッタカラ、コンナニ、チーシャ（小さ）カッタ。ゴハンタベタカラ、コンナン、オーキクナッタ」といいながら、初めはかがんでうずくまり、あとで大きくなったというとき立ち上がって両手をあげてみせた。

自分が小さい状態から大きくなったという自覚が生まれたのである。もっとも、このことにはおそらく、母や祖母がしばしば「大きくなったねえ」といっていることが作用していると思われる。とはいえ、食事をしてガラスに映る自分を見て「オーキクナッタ」と自認し、自己評価するにいたったのは、W自身の自発性によってである。(1)

Wは、この事例に見ることができるように、2歳9ヵ月ぐらいから、「自分は大きくなった」「自分は大きい自分になった」という自己認識をもつ（獲得）ようになっている。

Wが、このような「自分は大きくなった」「自分は大きい自分になった」という自己認識を獲得するようになったのは――矢野喜夫、矢野のり子氏が「このことはおそらく、母や祖母がしばしば『大きくなったねぇ』といっていることが作用していると思われる」と指摘しているように――周りの人（ここでは母や祖母）がWを「Wは大きくなった」「Wは大きい子どもになった」と認識したということが作用しているものと思われる。周りの人が「○○は大きくなった」「○○は大きい子どもになった」と認識した。そこで、Wも、それを受けて、「自分は大きくなった」「自分は大きい自分になった」と認識するようになるのである。(2)、(3)、(4)

さて、子どもは、このように周りの人が「○○は大きくなった」「○○は大きな自分になった」と認識する。それを受けて「自分は大きくなった」「自分は大きな自分になった」と認識する。このように自分を「大きくなった」「大きい自分になった」と認識するときには、嬉しい。そこで子どもは――周りの人がたった一度「○○は大きくなった」「○

○は大きい自分になった」と認識するだけでも――「自分は既に大きいのだ、自分は既に大きい自分であるのだ」と思いこむ（信じ込む）ように思われる。つまり、大人からみれば、こうした自己認識を獲得する2歳半～3歳の子どもは、まだ小さくそしてまだ赤ちゃんの面影を残しているのであるが、「自分はもう赤ちゃんではないのだ、自分は既に大きいのだ、自分は既に大きい自分であるのだ」と思いこむ、ということをするように思われる。

また、子どもは、周りの人の認識をうけて、「自分は大きくなった、自分は大きな自分になった」と認識する。このように自分を認識するとき、嬉しい。嬉しいので、「(自分は既に大きいが）大きくなりたい」「(自分は既は大きい自分であるが）大きい自分になりたい」と、思う。

そこで子どもは、「大きくなった」「大きい自分になった」という自己認識を獲得すると、その場面、あるいは、次の場面において、

① 「自分は既に大きい・自分は既に大きい自分である」と改めて自己認識し、同時に「大きくなりたい・大きい自分になりたい」と思う、ということをしていく。

② 「既に大きい・既に大きい自分である」と認識し同時に「大きくなりたい・大きい自分になりたい」と思うので、「既に大きい・既に大きい自分である」を確証する行動、また「大きくなりたい・大きい自分になりたい」を実現していく行動、をしていく。

③ 確証する（実現する）行動をし、それができると、「～する所の大きな自分になる」という成長をなす。

　また、確証する(実現する)行動をし、それができると、自分を「～する所の既に大きい自分である」と（自己）認識していく。また、自分を「～する所の大きい自分になった」と（自己）認識していく。喜び（充実感）を感じる。

④ 喜びを感じるので、その場あるいは次の場面において、「自分は既に大きい自分である」と改めて自己認識し、同時に「大きい自分になりたい」と思う、ということをしていく。

子どもは、「大きくなった・大きい自分になった」という自己認識を獲得すると、その場面、次の場面において、この①、②、③のことをしていく。筆者は、この①、②、③を――「『既に大きい自分である』と自己認識し、『大きい自分になりたい』と思う、確証―実現し、『～する所の大きい自分になる』という成長をなす。『～する所の既に大きい自分である』と自己認識し、『～する所の大きい自分になった』と自己認識すること」と呼びたい。

子どもは、「自分は大きくなった」「自分は大きな自分になった」という自己認識を獲得すると、生き、生活することにおいて、このことをしていくのである。

山田洋子氏は、『乳幼児の社会的世界』の中で、ゆうという子どものある場面での様子を詳しく取りあげている。また、矢野喜夫、のり子氏は、『子どもの自然誌』の中で、Wという子どものいろいろな場面での様子を詳しく取りあげている。野地潤家氏は、『幼児期の言語生活の実態』という本の中で、澄晴という子どものいろいろな場面での様子を、そこで交わした言葉も含めて、詳細に記録している。そして、岸井慶子氏は、Y子という子どもの幼稚園や家庭でのある様子を詳しく取りあげている。これらの中に、ゆうという子ども、またWや澄晴という子ども、そしてY子という子どもが、それぞれの場面において、このことをしていく姿を見ることができる。

本稿では以下、まず、ゆうという子ども（2歳5ヶ月）のある場面での様子を取りあげ、そのゆうという子どもがどのようにこのことを行うのか、捉えることを試みたい。次に、Wという子どもと澄晴という子ども（2歳9ヵ月から3歳6ヵ月まで）のいろいろな場面での様子を取りあげ、Wや澄晴がどのようにこのことを行うのか、捉えることを試みたい。そして最後に、Y子という子ども（3歳5ヵ月）のある場面での様子を取りあげ、Y子がどのようにこのことを行うのか捉えることを試みたい。

第２節　子どもは、どのようにして、「既に大きい自分である」と自己認識し、「大きい自分になりたい」と思い、確証―実現し、「～する所の既に大きい自分である」、「～する所の大きい自分になった」と自己認識していくのか

1．2歳5ヵ月時の、ゆうの場合

母とゆうとで姉の保育園へ遊戯会を見に行く。姉の友だち２人（３歳）といっしょに見る。ゆうがまだ哺乳びんを使用しているのを見て、２人が「ゆう君赤ちゃんだねえ。まだ哺乳びんで飲んでいるの」と言った。そのときは「ユー　アカチャント　チガウ」と言っただけであったが、その夜「ユー　オチュメチュルノ　イヤ」と言うので、母が「おしめしないのなら、ジャージャー（牛乳）もなしよ」と言うと「ユー　ジャージャーノマズニ　ネンネチュル」と自分から言い、ほんとうに飲まずに母の手をつかんで寝た（いままでも、自分から同様なことを言い出したことはあったが、眠るまぎわになると、どうしても飲まずにはいられなかった)。翌朝「ユー　モウアカチャン　ジャナイ」と言う。さらに、翌日「ユー　モウアカチャン　ジャ　ナイ」「チィ（姉）ト　オンナジネ」と言う。(5)

この事例は、本書、序章において既にとりあげている事例である。

この時２歳５ヵ月のゆうは、姉の保育園に遊戯会を見に行く。ゆうは、そこでは、哺乳瓶を口にくわえていた。姉の友だち（３歳）がそのゆうをみて「(哺乳瓶で飲んでいる）赤ちゃんだ」と言う。つまり、ゆうを「赤ちゃんである」と認識する。

この時期のゆうは――まだはっきりと自覚しているのではないが――「自分はもう赤ちゃんではない、既に大きい自分である」と自己認識している。そして同時に、「大きい自分になりたい」と思っている。

こうしたゆうに対して、姉の友達が、「赤ちゃんである」と認識する。ゆうは、「赤ちゃんである」と認識されると、悲しい。ゆうは、「哺乳瓶

で飲んでいるのでたしかに赤ちゃんであるが、もう赤ちゃんではない。既に大きい自分であるのだ」と改めて自己認識する。同時に「大きい自分になりたい」と思う。

そこで、ゆうは、一つには、「自分はもう赤ちゃんではない、既に大きい自分である」ということを、確かめる（確証する）ことをしようとする。

そして、もう一つには、「大きい自分になりたい」という思いを実現することをしようとする。

ゆうは、一つには、「自分はもう赤ちゃんではない、既に大きい自分である」ということを、確かめる（確証する）ことをしようとする。ゆうは、確かめようとして、おしめをすることをしないということを選ぶ。さらに――おしめをすることをしないためには夜寝る前に牛乳（ジャージャー）を飲むことをしないということが必要であるので――牛乳を飲むことをしないということを選ぶ。「ユー　オチュメチュルノ　イヤ」と言い、自分からおしめをすることをしないという行動をする。また、「ユー　ジャージャーノマズニ　ネンネチュル」と言い、自分から牛乳を飲むことをしないという行動をする。

そして、それをすることができる。

それをすることができると、ゆうは「おしめをしない（牛乳を飲まない）所の大きな自分になる」という成長をなす。

また、それをすることができると、周りの人は「ゆうは、おしめをしない、だからもう赤ちゃんではない、既に大きい子どもである」と認識する。そこで、ゆうも――この周りの人の認識を受けて――おしめをすることをしない（牛乳を飲まない）という行動をした自分を、「そうだ、自分はおしめをしない（牛乳を飲まない）所の、赤ちゃんではない、既に大きい自分であるのだ」と自分認識する。自分が既に大きい自分であることを、確かめるのである。

ゆうは、もう一つには、「大きくなりたい・大きい自分になりたい」という思いを実現することをしようとする。ゆうは、実現しようとして、おしめをすることをしないということ、また牛乳を飲むことをしないということを選ぶ。そして、それを自分から行おうとする。

それをすることができると、ゆうは「おしめをしない（牛乳を飲まない）所の大きな自分になる」という成長をなす。

また、それをすることができると、周りの人は、「ゆうは、おしめをしない（牛乳を飲まない）。だから、大きい子どもになった」と認識する。そこで、ゆうも——この周りの人の認識を受けて——「そうだ。自分はおしめをしない（牛乳を飲まない）所の大きい自分になったのだ」と認識する。

ゆうは、このことを行う。

ところで、今、ゆうは、一つには「既に大きい自分である」という自己認識を確証すること、もう一つには「大きい自分になりたい」という思いを実現することを行うと述べたが、しかし、ゆうは、もちろん、両者を意識において明確に区別して行うわけではない。また、まず確証する行動を行い、次に実現する行動を行うといつたように、別々に行うというわけではない。ゆうは、意識において明確に区別せず、それゆえ同時的に行うのである。ゆうの意識において「自分は既に大きい自分である」ということが強く意識されていている場合には、それを確証する行動が前面にでることになる。それに対して、「大きい自分になりたい」と思うということが強く意識されている場合には、それを実現する行動が前面にでることになる。このようにどちらかが前面にでるということはあるのだが、ゆうは、意識において明確に区別せず、同時的に行うのである。

2．2歳9ヵ月〜3歳6ヵ月時のWと澄晴の場合

（1） 2歳9ヵ月時の澄晴

昭和25年12月31日（日） 2年10ヵ月 （満2歳9ヵ月）

○ ボク オーキ ナッタン ゼー。1（→母）

○ ボク オーキナッタ カラ ナカン ノン デー。2（→母）

○ テルキクン モ オリコーダ カラ ナキン チャン ナ

ヨ。3（→弟）

午前6：40ころ。平井の祖母のうち。ふとんの中で、目をさまして、泣いている赤ちゃん（弟、照樹）を見て、1の文のように母に言う。（後略）。[6]

この時2歳9ヵ月の澄晴、ふとんの中で目をさまして泣いている赤ちゃんをみる。それをみて、「自分はもう赤ちゃんではない、既に大きい自分である」と強く自己認識する。そして、「大きい自分になりたい」と思う。そこで、既に大きい自分であることを確証する所の、また「大きい自分になりたい」ということを実現する所の、泣くことをしないという行動を自分からしようとする。

澄晴は、泣くことをしないという行動をし、また、そのことをお母さんに「ボク　オーキナッタカラ　ナカンノデー」と言うことを通して、「自分は泣くことをしない所の既に大きい自分である」「自分は泣くことをしない所の大きい自分になった」と自己認識していく。

（2）2歳11ヵ月時のW

（前略）、例によってWは「ギュウニュウ」といって哺乳ビン入りの牛乳を母に要求した。それまでずっと、Wはコップ入りの牛乳はあまり飲もうとせず、哺乳ビン入りの牛乳が好きで、ほしくなると「パイパイ」とか「ギュウニュウ」といってほしがっていた。このときも哺乳ビン入りをほしがったのだが、そのとき兄が「カックンもう大きいし、コップで飲めるやろ」と口をはさんだ。母も「そうやねえ、お正月になったら三つになるしねぇ」と促すと、ついに「カックン、コップデノム。オショウガツキタラ、ミッチュナルモン」といった。それ以後、「パイパイ」（哺乳ビンのこと）とはまったくいわなくなり、「ギュウニュウコップ」とか「コップノギュウニュウ」といって要求し、コップで牛乳を飲むようになった。[7]

これは、Wが2歳11ヵ月の時である。Wは、いつものように、哺乳瓶入りの牛乳をほしがった。しかし兄が「カックンもう大きいし、コップで飲めるやろ」と口をはさんだ。言い換えると、「かっくんはもう大きい（子どもである）。大きい子どもは牛乳を哺乳瓶ではなくコップで飲む。だから、哺乳瓶ではなくコップで飲めるのではないか」と。兄のこの言葉によって、Wは「そうだ、自分は既に大きい子どもなのだ」と改めて認識する。そして、「大きい子どもになりたい」と思う。そこでWは、「自分が既に大きい自分である」ことを確証する所の、また「大きい自分になりたい」という思いを実現する所の、コップで飲むことを自分から選び行おうとする。Wは、「カックン、コップデノム」と母や兄にも宣言し、そして実際にコップで飲むことをする。Wがコップで飲むという行動をすることによって、母はWを「コップで飲む、既に大きい子どもである」「コップで飲む、大きい子どもになった」と認識する。母がこのように認識することにより、Wも「自分はコップで飲む既に大きい自分である」「自分はコップで飲む大きい自分になった」と認識する。

（3）３歳１ヵ月時の澄晴

昭和26年４月19日（木）　３年２ヵ月　（満３歳１ヵ月）

○　ボクチャン　オーキク　ナッタラ　ヒトリデ　パンツ　ヌゲルデショー。1　ヌイデ　ゴラン。2（母→）

○　ウン　ボク　ヒトリ　デ　ヌグ　ヨ。3（→母）

午後6：30ころ。便所へいこうとする時、母が1･2の文のように言うと、3の文のように言って、ひとりでズボンをぬいでいく。

○　ボクチャン　ヒトリデ　ヨー　ハク　カ　ネ？　1　ハイテゴラン。2（母→）

○　ボク　ヨー　ハク　ヨ。3（→母）

（中略）

午後6：35ころ。便所から出てきて、パンツをはく時、母が1・2の文のように言うと、3の文のように言う。（後略）。[8]

３歳前後になると、子どもの多くは、衣服を自分で着脱することができるようになる。この時期の澄晴に対して、お母さんが、「ボクチャン

オーキクナッタラ　ヒトリデ　パンツ　ヌゲルデショウ。ヌイデ　ゴラン」と声をかける。この声のかけ方は、2歳11ヵ月のWに兄が「カックンもう大きいし、コップで飲めるやろ」と声をかけていたが、その声のかけ方とよく似ている。子どもにもう自分は大きくなったのだと認識させる声のかけ方である。澄晴は、このお母さんの声かけによって、自分は既に大きくなったと改めて認識する。そして、大きい自分でありたいと思う。澄晴は、自分が大きい自分であることを確証するために、また、自分が大きい自分になりたいという思いを実現するために、1人でズボンをぬぐことをしようとする。

澄晴は、このことを通して、「自分は1人でズボンをぬぐ所の既に大きい自分である」「自分は1人でズボンをぬぐ所の大きい自分になった」と認識する。

（4）3歳4ヵ月時のW

3歳4ヵ月28日のとき、オマルのない祖父母の家の便所にすわってウンチができた。翌日、風呂に入る前に便所でおしっこをしてきて、父に「カックン　オベンジョデデキル」と誇らしげにいった。おしっこはそれ以前から便所でしていたから、これはウンチのことである。さらにその翌日、便所でウンチをしたことを聞いて、父が「カックンおまるでうんこしないのか？」ときくと、Wはうなづいて「オニーチャンダカラ」といった。そして、「アッチャンダケ　オマル。チッチャイカラ。オトーチャンモ　オベンジョ。オニーチャンモオベンジョ。オカーシャンモオベンジョ。アッチャンダケオマル。アッチャンダケ　ナカマハズレ」といって笑った。[9]

3歳4ヵ月28日のとき、Wは、祖父母の家で便所に座ってうんこをすることができた。その翌日Wは、自分から便所でうんこをしようとする。父が「なぜおまるでうんこしないのか」と尋ねると、「オニーチャンダカラ」と答える。つまり、Wは、自分は既にお兄ちゃんである、赤ちゃんはおまるでうんこするが、お兄ちゃんはしない、お兄ちゃんは便所でする、と改めて認識し、お兄ちゃんでありたいと思う。そこで、自分がお兄ちゃんであることを確証するために、また、お兄ちゃんになりたいという思いを実現するために、便所でうんこをしようとする。

Wは、自分から便所でうんこをすることによって、「自分は便所でうんこをする所の、既にお兄ちゃんである自分である」「自分は便所でうんこをする所のお兄ちゃんである自分になった」と認識する。

（５）３歳６ヵ月時の澄晴

昭和26年９月21日（金）　３年７ヵ月　（満３歳６ヵ月）

○　ボク　オーキ　ナッタ　ケン　ヒトリ　デ　ネンネ　ショー。(→母)
午前８：30ころ。ふとんにひとりはいって、この文のように母に言う。[(10)]

これは、澄晴、３歳６ヵ月時のそれである。これまでの事例では、周りの人が「もう大きい」「大きくなった」認識し、それを受けて、自分は既に大きい自分であると認識する、ということが多かった。しかし、この場合は、そうではない。生活のなかで、澄晴は、「１人で寝ることは大きい子どものすることである」と捉えたようである。そこで、澄晴は、「自分は既に大きい自分である」と改めて自己認識し、そしてそれを確証―実現するために、自分から「ヒトリデネンネする」という行動を行っている。

お母さん（お父さん）から離れて１人で寝ようとすれば、当然、怖さを感じたり寂しさを感じたりするだろう。怖さを感じたとき、あるいは寂しさを感じたとき、お母さん（お父さん）と一緒に寝たいと思うだろう。澄晴が「自分は既に大きい」ので、それを確証―実現する行動をしようとするときには、澄晴は、怖さ、寂しさ、一緒に寝たいという思いを抑制しながら、行うということになる。[(11)]

澄晴は、怖さ、寂しさ、一緒に寝たいという思いを抑制しながら、「ヒトリデネンネ」するという行動を行う。したがって、それができた時には、澄晴は、「自分は怖く（寂しく）とも１人で寝る所の、既に大きな自分である」「自分は怖く（寂しく）とも１人で寝る所の大きな自分になった」と自己認識する。

３．３歳５ヵ月時の、Ｙ子の場合

（前略）自分で切りかえを決意して―３年５ヶ月―

４月半ば入園以来、泣いて母から離れられないＹ子。離そうとすると大泣きをして抵抗する。時間をかけてゆっくり慣れてもらおうと、毎日母に付き添ってもらう。母が見ていれば特定の女児と短い時間一緒に遊ぶことができるようになるが、母が帰宅しようとすると再び離れなくなる。母がいつになったら1人で幼稚園で遊べるのかを尋ねると、Ｙ子は「誕生日がきたら」と答える。母も保育者たちもＹ子の宣言を喜んで受け入れた。そして、６月８日の４歳の誕生日のまさにその日からＹ子は保育室の前で決然と母から別れ保育室に入っていくようになった。[12]

これは、岸井慶子氏が、「幼児自身が状況を変えることについての一考察―入園初期の不安定な時期を中心に―」という標題の論文において述べている事例である。

Ｙ子は、入園以来、母親から離れられない。母親が自分のそばから離れると、激しい不安に襲われ、母親がそばにいることを求める。そこで、幼稚園では、母親に毎日「付き添ってもらう」ことにする。その結果Ｙ子は、「母がみていれば特定の女児と短い時間一緒に遊ぶことができるように」なってくる。が、それでも、「母が帰宅しようとすると」強い不安に襲われ、「再び離れられなくなる」。

ところで、筆者は、ある幼稚園にかかわったことがあるが、その幼稚園でも――この幼稚園と同じように――こういう子どもを、無理やり母親から引き離してしまうのではなく、母親に付き添ってもらうということにした。そうすると――もちろん早い、遅いはあるのだが――ほぼすべての子どもは、自分から、母親から離れるということをしていった。早い子どもは２日間ぐらいで。時間のかかる子どもは４、５日ぐらいで。中には、親にこのように言って離れる子どももいる。「他の子どものお母さんは幼稚園から帰ってしまうのに――自分が泣いてしまうので――自分のお母さんだけが幼稚園に残っている。だけど、自分はもう大きい。お母さんが幼稚園に残っていると恥ずかしい。だから、もう幼稚園に残っていなくともいいよ。」

子どものこうした言葉から、その時子どもが、どのように思って、自分から離れていこうとするのか、捉えることができる。

最初は、母親が自分のそばを離れると激しい不安に襲われる。だから、とにかくそばにいてくれることを求める。そのことによって安心することに精一杯である。だが、親がつきそうことを続けると、不安も減少する。とともに周りの状況も見えてくる。他の子どものお母さんはもう帰っていていないが、自分のお母さんだけが残っている。周りの子どもたちは、そういう自分を「お母さんがいないと泣いてしまう、小さな子ども」と認識する。子どもは――周りの子どもたちのこうした認識をうけて――自分を「お母さんがついていないと泣いてしまう、小さな子ども」と認識する。子どもは、自分をこのように認識するとき、悲しい。子どもは、「いや、そうではない。自分はもう小さい自分ではない。自分は既に大きい自分であるのだ」と改めて自己認識する。また、「大きい自分になりたい」と思う。子どもは、自分は既に大きい自分であるということを確かめるようとする。また大きい自分になりたいという思いを実現しようとする。子どもは、「お母さんから離れて、1人で遊ぶ（1人で登園する)」ということを選ぶ。そしてそのために、母親に、「もう幼稚園に残っていなくともいいよ」と言うことをする。お母さんがそばにいないと不安に襲われるかもしれないという思いが脳裏をかすめるとしても、それでも、そのようにいうのである。

このＹ子の場合も同じではないかと思われる。

ただ、Ｙ子の場合は、母親から離れることへの不安はかなり強い。母親から離れようとしても、強い不安に襲われ、離れることができない。つまり、「既に大きい自分である」ことを確証する、また「大きい自分になりたい」を実現する、「母親から離れて１人で遊ぶこと」ことが、しようとしても、できないのである。

Ｙ子は、おそらく、もう一度確証―実現する行動をしようとするだろう。だが、強い不安に襲われる。そのため、母親から離れることができない。しかし、それでも、もう一度しようとするだろう。しかし、はやりできない。Ｙ子は、確証する―実現する行動をしようとすることと、強い不安襲われ、できない、ということとの間で揺れ動いていたに違いない。

そんな時、母親から、「Ｙ子はいつになったら１人で幼稚園で遊べるのか」と尋ねられる。Ｙ子は「自分は既に大きい。大きくなりたい。だから、母親から離れて遊ぶことをしたい」と、思う。が、「しようとすると強い不安に襲われるので、今はできない」とも感る。

だが、もうじき４歳の誕生日を迎える。４歳になると自分は大きい自分になる。だから今はできないけれども、その時には、できるようになるのではないか。こんなふうに考えたのではないだろうか。Ｙ子は、お母さんに対して、「（４歳の）誕生日がきたら」と答える。

Ｙ子は４歳の誕生日を迎えた。誕生日を迎えたその朝、「Ｙ子は保育室の前で決然として母から別れ保育室にはいって」いった。つまり、Ｙ子は、誕生日の朝、これまでできなかった確証する―実現する行動を行うことができたのである。

Ｙ子は、確証する―実現する行動を行うことができた。この時でも、お母さんから離れた時不安を感じるということは、あったのであろう。だが、もう後戻りすることはない。

Ｙ子は、「お母さんから離れて１人で遊ぶ所の大きい自分になる」という成長をなす。

Ｙ子は、「お母さんから離れて１人で遊ぶ所の既に大きい自分である」と自分を認識する。また「お母さんから離れて１人で遊ぶ所の大きい自分になったのだ」と自分を認識する。強い喜び（充実感）に満たされる。

さて以上、２歳５か月のゆうが、また２歳９ヶ月、11ヵ月、３歳１ヵ月、４か月、６ヵ月のＷや澄晴が、また３歳５ヶ月のＹ子が、どのようにこのことを行うのか、述べてきた。

自我の誕生として、「自分は大きくなった・自分は大きい自分になった」という自己認識を獲得すると、子どもは――このゆう、Ｗ、澄晴、Ｙ子に見られるように――その場面で、あるいは次の場面で、「自分は既に大きい自分である」と自己認識し、「大きい自分になりたい」と思う、ということをしていく。

そして、確証し、実現しようとし、自分から確証―実現する行動を選び、していこうとする。

この確証―実現する行動のなかには、すぐその場でできる場合もある。だが、そうでない場合も多い。すぐその場でできない時、子どもは――Ｙ子の姿に見ることができるように――何度も何度も試みてできるようにしていく。

子どもは、確証―実現する行動を――すぐその場でできる場合であっても、あるいは何度も何度も試みてはじめてできる場合であっても――することができると、「～する所の大きな自分になる」という成長をなす。今、ゆう、Ｗ、澄晴、そしてＹ子の場合に見られたことを手かがりにして推測するならば――子どもの多くは、３歳半ぐらいまでに、「おしめをしない所の、牛乳をコップで飲む所の、1人でズボンを脱ぐ所の、便所でうんちをする所の、1人で寝る所の、そして１人で遊ぶ所の、大きな自分になる」という成長をなす、ということができる。

子どもは、確証―実現する行動をすることができると、「自分は～する所の既に大きな自分である」と自分を認識する。また、「自分は～する所の大きな自分になった」と自分を認識する。喜び（充実感）に包まれる。

子どもは、このようにする。つまり、親、保育者から「これこれの行動をしなさい」「これこれの子どもになりなさい」と指示命令され、それに従うというのではなく、また、親、保育者から「これこれのことをしてほしい」「これこれの子どもになってほしい」と期待され、その期待に応えてする、というのでもない。「自分はもう赤ちゃんではない、既に大きな自分であるのだ」と自分が既にある自分を捉え、自分が既にそうである自分であろうとする。あろうとして、自分から行動を選び、行動する。

また「自分は大きい自分になりたい」と自分のなりたい自分を捉え、自分のなりたい自分になろうとする。なろうとして、自分から行動を選び、行動する。

そして「～する所の大きな自分になる」という成長をなす。

子どもは、このようにして自ら成長しようとする。

子どもは、また——確証—実現する行動をすぐその場でできる場合であっても、何度も試みてはじめてできる場合であっても——確証—実現する行動をすることができると、喜びにつつまれる。そのため、そこでもう終わってしまう、ということはない。そこにとどまず、自分から、その場面へ、あるいは次の場面へと入っていく。そこで「自分は既に大きい自分である」と自己認識し、「大きい自分になりたい」と思う、ということをしていく。そして「～する所の大きい自分になる」という成長をなす。

子どもは、この意味でも、自ら成長しようとする。

【註】

（1）矢野喜夫、矢野のり子著『子どもの自然誌』1992年、ミネルヴァ書房、164-165頁

（2）筆者は、周りの人が「○○は～について知った（知る子どもになった）」、「○○は～ができた（できる子どもになった）」、「○○は大きくなった（大きい子どもになった）」、「○○は強くなった（強い自分になった）」「○○は賢くなった（賢い子どもになった）」「○○は美しくなった（美しい子どもになった）」と認識・評価する。それを受けて、子どもにおいて「自分は～について知った（知る自分になった）」、「自分は～ができた（できる自分になった）」、

「自分は大きくなった（大きい自分になった）」、「自分は強くなった（強い自分になった）」「自分は賢くなった（賢い自分になった）」「自分は美しくなった（美しい自分になった）」と自己認識するもの、そして快、嬉しさ、充実感を感じるもの、このものは、人間が動物から受け継いだものであり、人間が生きる、その生きる主体である、と考えている。

このものは、次のようなものである。

(1) 「自分は〜を知っている」「自分は〜を知っていない」「自分は〜ができる」「自分は〜ができない」「自分は大きい」「自分は小さい」「自分は強い」「自分は弱い」「自分は賢い」「自分は賢くない」「自分は美しい」「自分は醜い」……と自分を認識する自己認識（自覚）である。

(2) これらの自己認識のうち、「自分は大きい（大きい自分である）」と自己認識する場合を例に取り上げると——「自分は大きい（大きい自分である）」と自己認識する。そのとき、大きいという事実を認識するだけでなく、「自分は大きい（大きい自分である）」ということに快、喜びを感じる。「自分は小さい（小さい自分である）」と自己認識する。そのとき、小さいという事実を認識するだけでなく、「自分は小さい（小さい自分である）」ということに不快、悲しさを感じる。つまり、「自分は大きい（大きい自分である）」「自分は小さい（小さい自分である）」と事実認識するだけでなく——大きい（自分である）と認識すると快、嬉しさを感じ、小さい（自分である）と認識すると不快、悲しさを感じるということにおいて——「大きい（自分である）、それはよい、あるいは価値がある」「小さい（自分である）、それはよくない、あるいは価値がない」といった、評価をするものである。

(3) 「自分は大きい（自分である）」と自己認識すると、嬉しさを感じること、「自分は小さい（自分である）」と自己認識すると、悲しさを感じることは——もちろん、このことに社会的意味、個人的意味を付与している人は、別であるが——すべての人に共通である。

また、「自分は大きい（自分である）」と自己認識すると、嬉しさを感じること、「自分は小さい（自分である）」と自己認識すると、悲しさを感じることは、コントロールすることはできない。すべての人は、「自分は大きい（自分である）」と自己認識すると、嬉しさを感じる。「自分は小さい（自分である）」と自己認識すると、悲しさを感じる。このことを、意図的にコントロールすることはできない。意図的にコントロールできることは、このように感じるということではなく、それを表情や行動に現さないということである。

このように、「自分は大きい（自分である）」と自己認識すると、嬉しさを感じるということ、また「自分は小さい（自分である）」と自己認識すると、悲しさを感じるということは、すべての人に共通であり、また意図的なコントロールを超えた深い所でなされるものである。筆者は、動物から受けついだものであると考える。

(4)　――周りの人の「○○は大きい（大きい自分である）」という認識を受けて――「自分は大きい（大きい自分である）」と自己認識すると、快、嬉しさを感じるので、「自分は大きい（自分である）のだ」と、思いこむ。

(5)　このように、「自分は大きい（大きい自分である）」と思いこむ。それに対して、周りの人が「○○は大きくなった（大きい自分になった）」と認識すると、それを受けて「そうだ、自分は大きい（大きい自分である）のだ」と改めて自己認識する。快、嬉しさを感じる。そこで、同時に「自分は大きくなりたい（大きい自分になりたい）」と思う。

また、「自分は大きい（大きい自分である）」と思いこむ。それに対して、周りの人が「○○は大きくない、小さい」と認識する。周り人が「○○は大きくない、小さい」と認識すると、「自分は大きくない、小さいのだ」と自己認識しざるを得なくなる。「自分は大きい（大きい自分である）のだ」と思いこんでいるので、この自己認識が傷つけられる。この自己認識が傷つけられる痛み、あるいは悲しさを感じる。

だが、そのような「自分は大きくない、小さい」自分であることに耐えることはできない。心の奥の方から、「いや、たしかに自分は小さいとしても、本当は大きいのだ」ということが湧いてくる。「いや、たしかに自分は小さいとしても、本当は大きいのだ」と改めて自己認識する。

このように、「いや、たしかに自分は小さいとしても、本当は大きいのだ」と改めて自己認識する、その時同時に、「自分は大きく（大きい自分に）なりたい」と、思う。

(6)　人は、このように――周りの人が「○○は大きくなった（自分になった）」と認識する場合でも、「○○は大きくない、小さい」と認識する場合でも――「自分は、大きくなりたい（大きい自分になりたい）」ということを、絶えず、求める。

言い換えれば、「自分は～を知りたい（知る自分でありたい）」「自分は～ができる（できる自分でありたい）」、「自分は大きくなりたい（大きい自分でありたい）」自分は強くなりたい（強い自分になりたい）「自分は賢くなりたい（賢い自分になりたい）」「自分は美しくなりたい（美しい自分になりたい）」ということを絶えず、求める。

筆者の捉える、このものは、このようなものである。

このものは、仏教では、「我《が》」と呼ばれる。

また、このもののうち、「自分は大きいのだ」「自分は強いのだ」「自分は美しいのだ」……と自分を認識し、また「そうだ」と思いこんでいる側面は、日常の言葉で、「自尊心」とか「誇り」とか呼ばれる。

（3）周りの人が「○○は大きくなった」「○○は大きい子どもになった」と認識した。それを受けて、Wが自分を「大きくなった」「大きい自分になった」と認識するためには、もちろん、Wにおける、「かつて」は「小さかった」、しかし「いま」は「大きい（大きくなった）」ということを捉えることができる、という認知的発達が前提となる。Wは、こうした認知的発達を前提にして、周りの人の「○○は大きくなった」「○○は大きい子どもになった」という認識を受けて、自分を「大きくなった」「大きい自分になった」と認識していくのである。

（4）この事例の場合には、周りの人（母親や祖母）が子どもを「大きくなった」「大きい子どもになった」と認識している。だが、周りの人が子どもを「お兄ちゃんになった」「お兄ちゃんである子どもになった」と認識する場合も多い。その場合には子どもは、自分を「大きくなった」「大きい子どもになった」ではなく、「お兄ちゃんになった」「お兄ちゃんである自分になった」と認識することになる。

周りの人が子どもを「お兄ちゃんになった」「お兄ちゃんである子どもになった」と認識する、その多くの場合は、兄—弟、兄—妹関係においてお兄ちゃんになったという意味ではない。そうではなく、「身体において大きくなった」「年齢も三つになる」「自分の力でいろいろなことができるようになった」「もう赤ちゃんではない」「大きい子どもになった」という意味で、「お兄ちゃんになった」というのである。つまり、「大きくなった」「大きい子どもになった」ということとほぼ同じ意味で、「お兄ちゃんになった」「お兄ちゃんである子どもになった」というのである。

したがって、子どもの方も、両方を明確に区別して使うということはしていない。「大きくなった」「大きい自分になった」と認識し、「大きくなった」「大きい自分になった」ということをする、とともに、「お兄ちゃんになった」「お兄ちゃんである自分になった」と認識し「お兄ちゃんになった」「お兄ちゃんである自分になった」ということもする。本章であげる「３歳４か月時のWの事例」は、Wが、自分を「お兄ちゃになった」「お兄ちゃんである自分になった」と認識し、また「お兄ちゃんになった」「お兄ちゃんである自分になった」という事例である。

（５）小嶋秀夫編『乳幼児の社会的世界』有斐閣、1989年、218-219頁

（６）野地潤家著『幼児期の言語生活の実態　Ⅱ』文化評論出版、1973年、933頁

なお、澄晴の記録の引用にあたっては、引用文の前に、（a）その年月日、曜日、（b）その時澄晴は何年何ヵ月であるのか、（c）その時澄晴は満何歳何ヵ月であるのかを――例えば、昭和25年12月31日（日）２年10ヵ月（満２歳９ヵ月）――といったように、引用者の方から記すことにしたい。もちろん、（a）、（b）については、『幼児期の言語生活の実態』の中に記されているものであるが、引用する記録と同じ頁に記されていないことが多いので、引用者の方から記すことにしたい。

（b）に関して、野地潤家氏は、例えば２年１ヵ月、２年２ヵ月、２年３ヵ月……というように数えている。ただ、この数え方は満年（月）齢の数え方と異なる。満年（月）齢の場合は、２歳０ヵ月、２年１ヵ月、２年２ヵ月……と数えるからである。その時澄晴が満何歳何ヵ月であるのかについてもWの場合と比較するために必要であるので、引用者の方から、（満２歳９ヵ月）といったように、記すことにしたい。

（７）『子どもの自然誌』174頁

（８）野地潤家著『幼児期の言語生活の実態　Ⅲ』文化評論出版、72-73頁

（９）『子どもの自然誌』200頁

（10）『幼児期の言語生活の実態　Ⅲ』411頁

（11）動物の仔も、そして人間の子どもも――生まれて数ヶ月間は――自分の力で食物をとることができず、親から食物を与えてもらわなければならない。また、命を脅かすもの（敵）に対して自分を守ることができず、親から守ってもらわなければならない。こういう生存の条件におかれている。

それゆえ、動物の仔（人間の子ども）は、一つには、親から離れたとき不安を感じるということを発達させた、と考えられる。仔（子ども）が、親のそばから離れてしまう。そうすると、子どもは強い不安を感じる。強い不安を感じるゆえに、子どもは親を探し、親の元に戻ろうとする。このようにして、子どもは、自分の命を守り、存続させる。

二つには、親から離れて命を脅かすもの（敵）に出会ったとき、怖さを感じるということを発達させた。仔（子ども）が、親から離れて命を脅かすもの（敵）に出会う。そうすると、強い怖さを感じる。そこで、仔（子ども）は、親を探し、親の元に戻ろうとする。このようにして、子どもは、自分の命を守り、存続させる。

三つには、親から離れるとき、また命を脅かすものに出会ったとき、親の元に戻ろうとするが、戻れない。そのとき、泣くということを発達させた。

仔（子ども）は、親の元に戻ろうとするが、戻れない。そのとき、強く泣く。そのことによって、親がその泣き声を聞き、駆けつけ、守ってくれる。このようにして、子どもは、自分の命を守り、存続させる。

だが、動物の仔は——そして人間の子どもも——食べ物を親から与えてもらうのではなく、自分の力で手にいれなければならないようになる。また、命を脅かすもの（敵）に対して、親の元に戻り親から守ってもらうのではなく、自分の力で立ち向かわなければならないようになる。

この時期に入ると、動物の仔は、そして人間の子どもも、一つには、食物を自分の力で手に入れるために、親の元を離れ、遠くまでいかざるを得なくなる。しかし、親の元を離れようとすると、激しい不安に襲われる。また、親の元に戻りたくなる。しかし、そのようにしていたのでは、自分の力で食物を手にいれることはできない。そこで、親の元を離れる時感じる不安を抑制し、また親の元に戻りたりたいという気持ちを抑制し、親の元を離れて、自分の力で食物を手に入れようとするようになる。

二つには、それまでは親から命を脅かすもの（敵）に対して守ってもらっていたのだが——敵から逃げるにせよ、敵を倒すにせよ——自分の力で敵に向かわざるを得なくなる。敵に出会ったとき激しい恐怖に襲われる。また親の元に戻りたくなる。しかし、そのようにしていたのでは、敵に立ち向かうことはできない。そこで、敵に出会う時感じる恐怖を抑制し、また親の元に戻りたいという気持ちを抑制し、自分の力で敵に立ち向かっていくようになる。

三つには、これまでは、親から離れて不安を感じたが（また敵に出会い恐怖を感じたが）親の元に戻ることができない時、泣いて親を呼ぶことをしていたのだが、親から離れて、自分の力で食物を手にいれること、自分の力で敵に立ち向かうことをしなければならならくなる。そこで、親から離れて不安を感じたが（また敵に出会い恐怖を感じたが）、親の元に戻ることができない時泣きたくなるが、泣くこと、泣いて親を呼ぶことを抑制する。抑制し、自分の力で食べ物を手にいれようとするようになる。また、自分の力で敵に立ち向かおうとするようになる。

(12) 岸井慶子著「幼児自身が状況を変えることについての一考察—入園初期の不安定な時期を中心に—」2005年、第58回日本保育学会発表論文集、538頁

第３章　子どもが「～ができるようになった・～ができる自分になった」と自己認識する場合

自我が誕生してくると、子どもが「大きくなった」「強くなった」「賢くなった」「美しくなった」と（自己）認識するとき、「自分は大きくなった」「自分は大きい自分になった」、「自分は強くなった」「自分は強い自分になった」、「自分は賢くなった」「自分は賢い自分になった」、「自分は美しくなった」「自分は美しい自分になった」と（自己）認識するようになる。

また、自我が誕生してくると、子どもが人・物を探索し～について知ったとき、また子どもが～しようとし～することができたとき――自我が誕生する以前は「知るようになった」「できるようになった」と認識するだけであったが――「自分は～について知るようになった」「自分は～について知る自分になった」、「自分は～ができるようになった」「自分は～ができる自分になった」と自己認識するようになる。

前章では、前者に関して、その中の「自分は大きくなった」「自分は大きい自分になった」と自己認識する場合を取りあげ、子どもはどのようにこの自己認識を獲得していくのか、また、この自己認識を獲得すると、子どもは、その場面あるいは次の場面において、どのようなことをしていくのか、明らかにした。

本章では、後者に関して、その中の「自分は～ができるようになった」「自分は～ができる自分になった」と自己認識する場合を取りあげ、子どもはどのようにこの自己認識を獲得していくのか、また、この自己認識を獲得すると子どもは、その場面あるいは次の場面において、どのようなことをしていくのか、考察することをしたい。

第1節　子どもは、どのようにして「～ができるようになった・～ができる自分になった」という自己認識を獲得していくのか。

前章では、子どもは、どのようにして、「自分は大きくなった」「自分は大きい自分になった」という自己認識を獲得していくのか、明らかにした。まず、周りの人が、「○○は大きくなった」「○○は大きい子どもになった」と認識する。子どもは、それを受けて、「自分は大きくなった」「自分は大きい自分になった」という自己認識を獲得していくのである。

この点については、「自分は～ができるようになった」「自分は～ができる自分になった」という自己認識の場合も同じである。すなわち、周りの人が「○○は～ができるようになった」「○○は～ができる子どもになった」と認識する。子どもは、それを受けて、「自分は～ができるようになった」「自分は～ができる自分になった」という自己認識を獲得していくのである。

さて、子どもがこのように「自分は～ができるようになった」「自分は～ができる自分になった」という自己認識を獲得し、自分をそのように認識するようになると、そしてそのことを積み重ねていくと——「自分は～ができるようになった」「自分は～ができる自分になった」と（自己）認識するときには嬉しさを感じるので——「自分は既にいろいろなことができるのだ」「自分は既にいろいろなことができる自分であるのだ」と思い込む（信じ込む）ように思われる。つまり、一つ一つのことが「できる」「できる自分である」ということを超えて、「既にいろいろなことができる」「既にいろいろなことができる自分である」と思い込むように思われる（本稿では、以下、一つ一つのことが「できる」「できる自分である」ということを超えて「既にいろいろなことができる」「既にいろいろなことができる自分である」という自己認識（思い込み）を、「『自分は既にいろいろなことができる』『自分は既にいろいろなことができる自分である』という自己認識」と呼ぶことにしたい。)。

また、子どもは、周りの人の認識を受けて、「自分は〜ができるようになった」「自分は〜ができる自分になった」と（自己）認識する。このように自分を認識するときには嬉しさを感じるので、「自分は〜ができるようになりたい」「自分は〜ができる自分になりたい」と、思う。

そこで、子どもは、「自分は〜ができるようになった」「自分は〜ができる自分になった」という（自己）認識を獲得すると、その場面、あるいは次の場面において、

① 「自分は既にいろいろなことができる」「自分は既にいろいろなことができる自分である」と改めて自己認識し、同時に「できるようになりたい」「できる自分になりたい」と思う、ということをしていく。

② 「自分は既にいろいろなことができる」「自分は既にいろいろなことができる自分である」と認識し同時に「できるようになりたい」「できる自分になりたい」と思うので、「既にいろいろなことできる」「既にいろいろなことができる自分である」を確証する行動、また「できるようになりたい」「できる自分になりたい」を実現する行動、をしていく。

③ 確証—実現する行動をし、それができると、「〜することのできる自分になる」という成長をなす。
また、確証—実現する行動をし、それができると、自分を「〜する所の既にいろいろなことができる自分である」と（自己）認識していく、また、自分を「〜することができる自分になった」と（自己）認識していく。喜び（充実感）を感じる。

④ 喜びを感じるので、その場面あるいは次の場面において、「自分は既にいろいろなことかできる自分である」と改めて自己認識し、同時に「できる自分になりたい」と思う、ということをしていく。

子どもは、「自分は〜ができるようになった」「自分は〜ができる自分になった」という自己認識を獲得すると、その場面あるいは次の場面において、この①、②、③のことをしていく。筆者は、この①、②、③

のことを、「『既にいろいろなことができる自分である』と自己認識し、『できる自分になりたい』と思う、確証—実現し、『～することができる自分になる』という成長をなす。『～する所の既にいろいろなことができる自分である』と自己認識し、『～することができる自分になった』と自己認識すること」と呼びたい。

ところで、野地潤家氏は、『幼児期の言語生活の実態』という本の中で、澄晴という子どもの、～ができるようになっていく様子を詳しく記録している。矢野喜夫、のり子氏は、『子どもの自然誌』の中で、Wという子どもの、やはり、～ができるようになる様子を詳細に記録している。これらの中に、澄晴やWという子どもが、それぞれの場面において、このことをしていく姿をみることができる。

本稿では、まず、澄晴（2歳0ヶ月）の記録をとりあげ、澄晴がどのようにこのことを行うのか、捉えることを試みる。次に、W（4歳4～6ヶ月）の記録をとりあげ、Wが、やはり、どのようにこのことを行うのか、捉えることを試みたい。

第2節　子どもは、どのようにして、「既にいろいろなことができる自分である」と自己認識し、「できる自分になりたい」と思い、確証—実現し、「～する所の既にいろいろなことができる自分である」、「～することができる自分になった」と自己認識していくのか

1　2歳0ヶ月の澄晴

昭和25年3月13日（月）　2年1ヵ月　（満2歳0ヵ月）

○アーア　コワレタ。1（母→）

○トントン　チュル　ネ。2（→母）

午前8：00前。台所で、おもちゃをこわしたので、母が1の文のように言うと、すぐに、かなづち（トントン）をもってきて、こわれたおもちゃを、なおす（トントンチュル）と言う。(1)

澄晴は、この時、満2歳0ヶ月である。自分からいろいろなことをし

ようとし、いろいろなことができるようになっている。1歳6ヵ月ごろには、食事のときさじを用いて食べることができるようになってきており、また——父親や母親の真似をしているのか——自分から金槌を探してきて机の隅などを「トントン」といいながら叩く、ということをしている。1歳9ヶ月ごろには、茶碗を手にもって食べることができるようになってきており、2歳1ヵ月には、パンツを1人ではくことができるようになってきている。このように、いろいろなことができるようになってきているので、一つ一つのことが「できる」「できる自分である」ということを超えて、「自分はいろいろなことができるのだ」「いろいろなことができる自分であるのだ」という自己認識（思い込み）をもつようになってきている。

この場面では、澄晴は、おもちゃで遊んでいる。が、それをこわしてしまう。母親が「アーア　コワレタ」という。澄晴も「おもちゃをこわした」と認識する。

澄晴は、そこで——これまでに、「自分は既にいろいろなことができる」「いろいろなことができる自分である」という自己認識（思い込み）を持ってきているので——「自分は既にいろいろなことができるのだ」「いろいろなことができる自分であるのだ」と、改めて自己認識する。

また——これまで「〜することができた」「〜することができる自分になった」と（自己）認識するとき、嬉しさを感じてきているので——「おもちゃを直すことができるようになりたい」「おもちゃ直すことができる自分になりたい」と思う。

そこで、澄晴は、一つには、「自分は既にいろいろなことができる自分であること」を確かなものにしようとする。澄晴は、確かなものにしようとして「おもちゃを直すことができる」ということを選ぶ。自分から金槌をもってきて、「トントン」し、直そうとする。そして直すことができる。

直すことができると、周りの人が「澄晴はおもちゃを直すことができた。澄晴はおもちゃを直すことができる子どもである」と認識する。それを受けて、澄晴は、「自分はおもちゃを直すことができた。だから、はやり、自分は既にいろいろなことができる自分であるのだ」と自己認識する。「自分は既にいろいろなことができる自分であるのだ」ということを、確かなものにする。

澄晴は、もう一つには、「おもちゃを直すことができるようになりたい」「おもちゃを直すことができる自分になりたい」という思いを実現しようとする。実現しようとして、おもちゃを直す、ということをする。そして、直すことができる。

直すことができると、「おもちゃを直すことができる自分になる」という成長をなす。

また、直すことができると、周りの人が、「澄晴はおもちゃを直すことができた。澄晴はおもちゃを直すことができる子どもになった」と認識する。澄晴は、それを受けて、「自分はおもちゃを直すことができる自分になった」と自己認識する。

澄晴は、このようにしていく。

2　4歳4～6ヵ月のW

７月に入って保育園ではプールが始まった。始まった当初、Ｗはホースで水をかけられるとき、頭や顔に水がかかるのをいやがったという。保母さんから母がきいたところでは、プールに入るのを恐がってしがみついたり、水が出ているホースの水道栓を止めてしまったらしい。しかし、家に帰ってから母親と兄に笑われ、兄といっしょに風呂に入ったとき兄が浴槽で顔つけをやってみせると、Ｗも風呂の中で自分から顔つけの練習を始めた。

Ｗは兄と顔つけの練習をするため、兄と２人で風呂に入るようになり、兄がＷに数を数えさせて、いくつまで顔をつけていられるかをやってみせると、Ｗも同じようにし始めた。最初はちょっと顔をつけるだけなのが、３か４数える間、湯につけていられるようになり、さらに７くらい、ときには10くらいの間つけていられるようになった。保母さんの話では、保育園でもプールの端で一人で顔つけの練習をしていたらしい。Wは顔つけができるようになったことがうれしくて、父や母と風呂に入ったときもよく、数えてもらってやってみせる。

4歳6ヵ月22日のときには、保育園から母といっしょに帰る途中、母に「カックン（Wのこと―引用者注）　キョウ　プールデテーツイテ　オヨイデン」と得意そうにいった。その翌日は、母に、「キョーナー、プールナカッテン。ミズアソビダケ。ショーモナイショーモナイネン」というまでになった。(2)

W（4歳4〜6ヵ月）は、保育園に通っている。7月に入ってプールが始まった。プールに入る前、保育士からホースで顔や頭に水をかけられる。

Wは、保育士からホースで水をかけられ、困惑する。水や水しぶきがかかり目を開けることができない。さらに、息（呼吸）をすることもできない。

だが、Wは、こういう場面に入って――これまでに「自分は既にいろいろなことができる、自分は既にいろいろなことできる自分である」という自己認識（思い込み）を持ってきているので――「いや、自分は既にいろいろなことができるのだ」「自分は既にいろいろなことができる自分であるのだ」と改めて自己認識（自覚）する。また、「ホースで水をかけられることに耐えることができるようになりたい」「ホースで水をかけられることに耐えることができる自分になりたい」と思う。

そこでWは、「既にいろいろなことができる自分である」ことを、確証しようとする。また「ホースで水をかけられることに耐えることができる自分になりたい」という思いを実現しようとする。確証―実現しようとして、ホースで水をかけられることに対して、それに耐えることができるようになろうとする。

しかし、できない。

ホースで水をかけられると、目を開けることができないだけでなく、息をすることもできない。息をすることができないため、ほとんどパニックに近い状態に陥ってしまう。Wは、「水が出ているホースの水道栓まで止めて」しまうことをする。

Wは、「自分は既にいろいろなことができる自分である。そうであるのに、自分はホースで水をかけられることに耐えることができない（自分である)」と認識する。Wのもっている「自分は既にいろいろなことができる自分である」という自己認識、つまり、「誇り」や「自尊心」といったものが傷つけられる。傷つけられ、痛み、悲しさ、苦しさを感じる。

そしてWは、家に帰る。家に帰ると、母や兄が――このことを既に聞いており――笑う。つまり、Wを「(誰れもができることなのに）ホースで水をかけられることに耐えることができない子ども」と否定的に認識・評価する。Wは――母や兄のこの認識を受けて――「自分は既にいろいろなことができる自分であるのに、自分はホースで水をかけられることに耐えることができない（自分である)」と認識する。Wの「誇り」や「自尊心」は再度傷つけられ、痛み、悲しさを感じる。

Wは、「誇り」、「自尊心」が傷つけられ、もはや、何をする気持ちもおきない。いわば、「落ち込んだ」状態になる。

だが、Wは、ずっとこの状態にとどまってはいない。Wの深い所から、少しずつ、「たしかに自分は水がかかることに耐えることができない（自分である）のだが、だがやはり自分は既にいろいろなことができる自分であるのだ」と、自分を認識することがあらわれてくる。つまり、「誇り」、「自尊心」が取り戻されてくる。それと同時に、「自分は水がかかることに耐えることができるようになりたい（できる自分になりたい)」という思いも、あらわれてくる。

こうした時、Wの兄が、「家の浴槽の水に顔をつけることができるようになること」を提案し、やってみせる。一挙に、ホースで水をかけられることに耐えるようになることは、難しい。そこに至る前段階として、浴槽の水に顔をつけることができるようになる、というものである。Wは、兄の提案を取り入れる。

Wは、風呂に入るとき、その水に顔をつけるという場面へと入っていく。そこで、Wは、「自分は既にいろいろなことができる自分であるのだ」と改めて自己認識する。また、「浴槽の水に顔をつけることができるようになりたい」と思う。Wは、確証―実現しようとする。浴槽の水に顔をつけることができることに、何日間にもわたって粘り強く取り組む。「最初ちょっと顔をつけることができるだけであったのが、3か4数える間顔をつけていられるようになる」「さらに7ぐらい、ときには、10くらいの間つけていられるようになる」

浴槽の水に顔をつけることができるようになったので、Wは、「ホースで水をかけられる」という場面に、再び、入っていく。Wは、「ホースで水をかけられることに耐えることができなかったが、自分は浴槽の水に顔をつけることができるようになった。だから、自分は既にいろいろなことができる自分であるのだ」と改めて自己認識（自覚し）する。また「ホースで水をかけられても耐えることのできる自分になりたい」と、思う。そして、確証―実現しようとする。Wは――家の浴槽で顔を水につけることができるようになっているので――この確証―実現する行動をすることができる。

することができると、Wは、「ホースで水をかけられることに耐えることができる自分になった」という成長をなす。

また、することができると、「ホースで水をかけられることに耐えることのできる所の自分は既にいろいろなことができる自分であるのだ」と自己認識する。同時に「ホースで水をかけられることに耐えることができる自分になった」と自己認識する。喜び（充実感）に満たされる。

さて以上、「おもちゃを壊してしまった」という場面において、澄晴が、どのようなことを行うのか、また、「ホースで水をかけられるがそれに耐えることができない」という場面において、Wが、どのようなことを行うのか、述べた。

自我の誕生として、「自分は〜ができるようになった」「自分は〜ができる自分になったという自己認識を獲得すると、子どもは――この澄晴やWの場合に見られるように――その場面あるいは次の場面で、「自分は既にいろいろなことができる自分である」と改めて自己認識し、同時に「～ができるようになりたい。～ができる自分になりたい」と思う、ということをしていく。

そして、確証―実現しようとし、自分から確証―実現する行動を選び、していこうとする。

この確証―実現する行動の中には、すぐその場でできる場合もある。だが、そうでない場合も多い。すぐその場でできない時――Wの姿に見ることができるように――何度も何度も試みてできるようにしていく。

子どもは、確証―実現する行動を――すぐその場でできる場合であっても、あるいは何度も何度も試みてはじめてできる場合であっても――することができると、「～することができる自分になる」という成長をなす。

子どもは、また、確証―実現する行動をすることができると、「自分は～することができる所の既にいろいろなことができる自分である」と自分を認識する。また、「自分は～することができる自分になった」と自分を認識する。喜び（充実感）に満たされる。

子どもは、このようにする。つまり、親、保育者から「これこれの行動をしなさい」「これこれの子どもになりなさい」と指示命令され、それに従うというのではなく、また、親、保育者から「これこれのことをしてほしい、」「これこれの子どもになってほしい」と期待され、その期待に応えてする、ということでもない。「自分は既にいろいろなことができる自分であるのだ」と自分が既にある自分を捉え、自分が既にそうである自分であろうとする。あろうとして、自分から行動を選び、行動する。

また「自分は～ができる自分になりたい」と自分のなりたい自分を捉え、自分のなりたい自分になろうとする。なろうとして、自分から行動を選び、行動する。そして自分がなりたい「～することができる自分になる」という成長をなす。

子どもは、このようにして自ら成長しようとする。

子どもは、また――確証―実現する行動をすぐその場でできる場合であっても、何度も試みてはじめてできる場合であっても――確証―実現する行動をすることができると、喜びにつつまれる。そのため、そこでもう終わってしまう、ということはない。そこにとどまず、自分から新しい場面へと入っていく。そこで「自分は既にいろいろなことができる自分である」と自己認識し、「できる自分になりたい」と思う、ということをしていく。そして「～することができる自分になる」という成長をなす。

子どもは、この意味でも、自ら成長しようとする。

【註】

（１）『幼児期の言語生活の実態　Ⅱ』13-14頁

（２）『子どもの自然誌』240-242頁

第４章　保育者はどのように援助したらよいか

筆者は、第１章において、自我の誕生する以前の子どもが人・物に出会い探索し知っていこうとする場合、どのようにしようとするのか、子どもが穴という人・物・ことに出会って知っていこうとする場合を例に、明らかにした。

子どもは、生き生活することにおいて、穴に出会う。穴に出会うと、「穴に何が住んでいるか知りたい」と思う。自分から知ろうとする。穴に～が住んでいることを知る。「穴に～が住んでいることを知る」という成長をする。子どもは「穴に～が住んでいることを知った」と自己認識し、嬉しさを感じる。

子どもは、その場あるいは次の場で、「他の穴に何が住んでいるか知りたい」と思い、自分から知っていこうとする。

筆者は、第２章では、自我が誕生した子どもが、自分を「大きくなった・大きい自分になった」と自己認識する場合をとりあげた。

子どもは、生き生活することにおいて――周りの人の認識を受けて――「大きい自分になった」と自己認識する。このように自己認識する時、嬉しい。そこで、その場あるいは次の場で、「自分は既に大きい自分である」と改めて自己認識し同時に「大きい自分になりたい」と思う。自分から確証―実現しようとする。できると「～する所の大きい自分になる」という成長をする。子どもは「～する所の既に大きい自分である」「～する所の大きい自分になった」と自己認識し、嬉しさを感じる。

子どもは、その場あるいは次の場で、「自分は既に大きい自分である」と改めて自己認識し同時に「大きい自分になりたい」と思い、自分から確証―実現していこうとする。

筆者は、第３章では、自我が誕生した子どもが、自分を「～ができるようになった・～ができる自分になった」と自己認識する場合をとりあげた。

子どもは、生き生活することにおいて――周りの人の認識をうけて―「～ができるようになった・～ができる自分になった」と自己認識する。このように自己認識すると嬉しい。そこで、その場あるいは次の場で、「自分は既にいろいろなことができる自分である」と改めて自己認識し同時に「できる自分になりたい」と思う。自分から確証―実現しようとする。できると「～することができる自分になる」という成長をする。子どもは、「自分は～することができる既にいろいろことができる自分である」「自分は～することができる自分になった」と自己認識し、嬉しさを感じる。

子どもは、その場あるいは次の場で、「自分は既にいろいろなことができる自分である」と改めて自己認識し同時に「できる自分になりたい」と思い、自分から確証―実現していこうとする。

自我が誕生する以前の子どもが人・物を探索し知っていこうとする場面において、また自我が誕生した子どもが「既に大きい自分である」と自己認識し「大きい自分になりたい」と思うという場面において、また自我が誕生した子どもが「既にいろいろなことができる自分である」と自己認識し「できる自分になりたい」と思うという場面において、子どもは、このようにしようとする。子どもは、このようにしようとすることにおいて、「～について知る」「～する大きい自分になる」「～ができる自分になる」という成長をする。筆者は、子どものこのようにしようとすることを、子どもは自ら成長しようとすると捉える。

では、子どものこのようにしようとすること（自ら成長しようとすること）に対して、保育者は、どのような援助をしたらよいのだろうか。本章では、保育者の援助のあり方について、考察する。

第１節　筆者の保育観

だが、具体的な考察に入る前に、筆者の保育というものについての考え方、つまり保育観について述べておきたい。保育というものをどのように考えるかによって、どのように援助しらたよいかについての考え方が大きく規定されるからである。

子どもは——既に繰り返し述べてきているが——三つの場面において、上に述べたことをしようとする（自ら成長しようとする）。そしてそのことにおいて「〜について知る」「〜する大きい自分になる」「〜ができる自分になる」という成長をなす。

筆者は、保育というのは、「子どもが生き生活することにおいてこのことを行うこと（子どもが自ら成長しようとすること）、そして子どもがこのことを行うことにおいてこれこれの成長をすること」を保証することであると考える。

そして、保育というのは子どもが生き生活することにおいてこのことを行うこと、そして子どもがこのことを行うことにおいてこれこれの成長をすることを保証することであるというときの「これこれの成長」として、その時代・社会において多くの子どもがなす成長というものを考えている。

ある時代、社会において多くの子どものなすこれこれの成長を保証するには、普通、まず、その時代・社会において多くの子どものなすこれこれの成長というものを明らかにする。そして、多くの子どものなすこれこれの成長を、子どもにおいて達成すべき成長として（保育におけるねらいとして）設定し、そして保育者が子どもにこれこれの成長をさせようとする。これこれの成長を子どもにおいて達成すべき成長として設定し、保育者がその成長をなさしむることを通して、子どものこれこれの成長を保証するのだと考える。

筆者は、この考え方自体を否定するものではない。

だが、筆者は、ある時代・社会において多くの子どものなすこれこれの成長を保証するためには——繰り返し述べているように——子どもは生き生活することにおいて、自ら成長しようとし、そして、これこれの成長をなしていくのであるから——保育者は、子どもが自ら成長しようとし、これこれの成長をしていくことを援助する。

保育者が、これこれの成長を達成すべき成長として設定し、保育者がその達成すべき成長を子どもにさせようとするということを通して、子どもがこれこれの成長をすることを保証する、というのではない。子どもが、自ら成長しようとしこれこれの成長をするのであるから、それを援助するということを通して、ある時代・社会における多くの子どものなす成長を保証しようとするのである。

第２節　保育者はどのような援助をしたらよいのか

では、子どもが、生き生活することにおいて、自ら成長しようとし、これこれの成長をする、このことを保証することとして、保育者はどのような援助をしたらよいのだろうか。

この点を考えるには、子どもがこのことをしていく、つまり、人・物・ことに出会いかかわり、これこれの成長をしていく。そこにおいて、人・物・ことがない（欠けている）ため、あるいは不足しているため、子どもがその人・物・ことにかかわっていくことができず、そのためこれこれの成長をしていくということができない、という場合がある、その場合を明らかにすることが必要である。

そして保育者は、その場合に――子どもが人・物・ことにかかわりこれこれの成長をしていくことを保証することとして――子どもが人・物・ことに出会いかかわっていくことができるよう援助するのである。

では、人・物・ことがない（欠いている）ため、子どもが人・物・ことにかかわっていくことができず、これこれの成長をすることができない、その場合とは、どのような場合なのだろうか。大きく分けて三つの場合をあげることができる。

（1）子どもが具体的な願いを形成しようとするが、それにかかわって具体的な願いを形成していく所の人・物・ことがない場合

（2）子どもが具体的な願いを実現しようとするが、実現していくために必要な人・物・ことがない場合

（3）子どもが親に見せ伝え頼もうとしない場合。また親が受け入れ、認め、共にし、共に立ち向かうことをしない場合。

子どもは、これらの場合において、人・物・ことがないため、人・物・ことにかかわっていくことができない。したがって、人・物・ことにかかわることを通してなされるこれこれの成長をすることができない。そこで、保育者は、子どもがその人・物・ことにかかわることができるよう――したがって、かかわることができることによってもたらされるこれこれの成長をすることができるように――援助するのである。

さて、以上、保育者がどのように援助したらよいのか、一般的に述べた。

だが、このように一般的・抽象的に述べただけでは、読者には理解しにくいと思われる。そこで、以下、ある具体的事例をとりあげ、それに即して、保育者はどのように援助したらよいのか、考察してみたい。本書では既にいろいろな事例をとりあげている。だが、ここでは、それらとは異なる次の事例をとりあげる。

第３節　ある事例において、保育者はどのように援助していったらよいのか

筆者が、幼稚園にかかわっていたとき、何人かの次のような子どもに出会ったことがある。

保育者が、平均台や（室内用）滑り台を組み合わせ、子どもたちがその上をバランスをとりながら渡ったり、飛び降りたり、滑ったりすることのできる場を構成する。幼稚園の子どもたちが、早速、その上を渡ったり飛び降りたりと、楽しそうに遊び始める。その様子をみて、「自分もしてみたい」と思い、平均台の上を渡ったり、あるいは飛び降りたりしようとする。しかし、既に４歳を過ぎているのに、５㎝～10㎝ぐらいの高さの平均台の上をバランスをとって渡ることができない。バランスをとりながら渡ることができず、途中で落っこちてしまう。

この時期の子どもにとっては、平均台のような少し高くて狭い所をバランスをとりながら歩くことができることは、楽しいことである。だが、落っこちてしまいそうになるので、また実際に落っこちてしまうので、楽しさを感じない。むしろ怖さの方を強く感じる。だがもちろん、

怖さの方を感じるとしても、それでも、何度か挑戦しようとする。しかし――中には挑戦する中で楽しさの方を強く感じるようになる子どももいるのだが――何度挑戦しても怖さの方を強く感じる。そのため、平均台の上をバランスをとって渡ろうとすること自体をあきらめてしまうことになる子どもも多い。

４歳になっているのに、なぜ、平均台のような少し高くて狭い所をバランスをとって渡ることができないのだろうか。また、楽しさを感じるよりはむしろ怖さの方を強く感じてしまうのだろうか。これらの子どもの家庭での様子を尋ねてみると、家の中でも、あるいは家の外でも、高くて狭い所に上り、その上を渡ったり飛び降りたりすることを、親から禁止されている子どもがほとんどであった。ある子どもは、高層マンションに住んでいた。家の中の高くて狭い所（例えば、ソファの上、椅子の上など）にのぼり、その上を歩いたり飛び降りたりしようとする。しかし、足音が下の階に響き下の階に住む人に迷惑がかかる。そのため、親から禁止されていた。また家の外でも、危ないという理由で、禁止されていた。また、ある別の子どもは、家の中でもまた家の外でも、落っこちると怪我をしてしまうので危ない、という理由で、やはり、禁止されていた。

ここで、改めて、子どもは、どのようにして、高くて狭い所をバランスをとって渡ることができるようになるのか、考えてみよう。

子どもは、１歳から１歳半ぐらいの間に、１人で立つことができるようになり、1、２歩、バランスをとりながら歩くことができるようになる。そして次には、10歩ぐらいバランスをとりながら歩くことができるようになる。そしてさらには、何百歩でも（長く）歩くことができるようになり、（平坦な地ではなく）デコボコした所でもバランスをとって歩くことができるようになり、早く歩く（つまり走る）こともできるようになる。

子どもは、自分を「長く、デコボコした所でもバランスをとりながら、早く歩くことができるようになった」と認識する。自分をこのように認識すると、嬉しい。子どもは、「もっと長く歩くことができるようになりたい」と思う。また「もっとバランスをとって歩くことができるようになりたい」と思う。また、「もっと早く歩くことができるようになりたい」と思う。

子どもは、このように、「もっとバランスをとって歩くことができるようになりたい」と思う（願いを形成する）と、その思いを実現しようとする。ただ、こうした「もっとバランスをとって歩くことができるようになりたい」という思い（願い）は、どのような人･物･ことにかかわってバランスをとって歩くことができるようになりたいのか、まだ明確になっていない願いである。本稿ではこうした願いを「抽象的な願い」と呼びたい。この抽象的な願いは、どのような人・物・ことにかかわってバランスをとって歩くことができるようになるのかまだ明確になっていない願いであるので、子どもは、試行的に、進む他ない。

子どもは、まず、それにかかわってもっとバランスをとって渡ることができるようになる所の人・物・ことを見出そうとする。子どもは、見出そうとして、周りを見渡す。と、庭に、高くて（5㎝）狭いいくつかのブロックが並んでいた。子どもは、それを見つけると、「その上をバランスをとって渡ることができるようになりたい」と思う。つまり、子どもは、それにかかわってバランスをとって渡ることのできる人・物・ことを見出すことができ、見出すことによって「高くて（5㎝）狭いブロックの上をバランスをとって渡ることができるようになりたい」という具体的な願いを形成する。

子どもは、具体的な願いを形成すると、それを実現しようとする。高くて（5㎝）狭いいくつかのブロックの上を、バランスをとって渡ろうとする。うまくバランスをとりながら最後まで渡ることができた。渡ることができると、子どもは、自分は「高くて（5㎝）狭いブロックの上をバランスをとって渡ることができた（できる自分になった）」と認識する。嬉しさを感じる。

子どもは、「高くて（5㎝）狭いブロックの上をバランスをとって渡ることができる」という成長をする。

1　子どもが具体的な願いを形成しようとするが、それにかかわって具体的な願いを形成していく所の人・物・ことがない場合への援助

さて、筆者は、上に、4歳を過ぎているのに、5㎝〜10㎝ぐらいの高さの平均台の上をバランスをとって渡ることができない、また楽しさよりはむしろ怖さの方を強く感じる、という子どもに出会うことがあると述べたが、その子どもたちは、どうであろうか。身の周りのかかわる範囲内に「高くて（5㎝）狭いブロック」という人・物・ことがなかった（より正確にいえは、親によってかかわることが禁止されたためそうした人・物がないと同じ状況におかれた）子どもであるということができるのではないだろうか。

たしかに、これらの子どもたちも、ある時期、「もっとバランスをとって渡ることができるようになりたい」という抽象的な願いを形成し、その願いを実現しようとして、バランスをとって渡ることができる人・物・ことを見出そうとした。だが、かかわる範囲内に「高くて（5㎝）狭いブロック」はなかった。普通、子どもにとっては、こうした「高くて（5㎝）狭いブロック」といった物は、家の庭や周りにいくらでもある。つまり、多くの子どもにとっては、「高くて（5㎝）狭いブロック」という人・物は存在する。だが、これらの子どもたちとっては、存在しなかった。そのため、「高くて（5㎝）狭いブロックの上をバランスをとって渡ることができるようになりたい」という具体的な願いを形成し、実現していくことができなかった。その結果、多くの子どものなす「高くて（5㎝）狭いブロックの上をバランスをとって渡ることができる」という成長をすることができなかった。

これらの子どもたちに見ることができるように、多くの子どものなす成長が、それにかかわって具体的な願いを形成する所の人・物・ことがないためできないという場合がある。

この場合、子どもは、自分（の力）で、「この人・物・ことがない」

ということに気づくことはできない。もし気づくことができるならば、その子どもが自分（の力）でその人・物・ことを用意する、という可能性も開けるのだが、そうではない。保育者のみが気づくことができるのであり、それゆえ保育者のみが、そうした人・物・ことを用意できるのである。[(1)] それゆえ――多くの子どもがなす成長を保証することとして――保育者が、その人・物・ことを用意するという援助が必要になる。

では、保育者のこの「人・物・ことを用意する」という援助は、具体的にはどのような援助であろうか。

保育者は、まず、多くの子どもが、「もっとバランスをとって渡りたい」という抽象的な願いを形成し、それを実現しようとして、人・物・ことを探し見出そうとすること、子どものかかわる範囲内に「高くて狭いブロック」といった物があるということ、子どもはそれを見出し、「高くて狭いブロックの上を渡ることができるようになりたい」という具体的な願いを形成していくこと、そして自分から実現していくこと、そのことによって「高くて（5㎝）狭いブロックの上をバランスをとって渡ることができる」という成長をなすこと、を捉える。そしてこの捉えをベースにして、その子どもが、そこで、どのようにしようとしているのかを捉える。多くの子どものしようとすることの捉えに基づいて、その子どもがそこでしようとすることを捉えるならば、その子どもにとって、かかわる範囲内に「高くて狭いブロック」という人・物・ことがないということ、そのため「高くて狭いブロックの上を渡ることができるようになりたい」という具体的な願いを形成し実現することができなくなっていること、またそのことによって「高くて（5㎝）狭いブロックの上をバランスをとって渡ることができる」という成長をすることができなくなっていること、を捉えることができる。保育者は、まず、このことを捉える。

保育者がこのことを捉えたら、次に、その子どもに対して「高くて（5㎝くらい）狭いブロック」という人・物・ことを用意するのである。

2　子どもが具体的な願いを実現しようとするが、実現していくために必要な人・物・ことがない場合への援助

子どもが、「高くて（５㎝ぐらい）狭いブロックの上を渡ることができるようになりたい」という具体的な願いを形成し、実現することができたとする。そのとき、子どもは、「高くて（５㎝ぐらい）狭いブロックの上を渡ることができた（できる自分になった)」と認識し、嬉しさを感じる。そうすると、子どもは、「もっと高くて（10㎝）狭いブロックの上を渡ることができるようになりたい」と思う。つまり、子どもは「もっと高くて（10㎝）狭いブロックの上を渡ることができるようになりたい」という具体的な願いを形成する。形成すると、自分からそれを実現しようとする。「もっと高くて（10㎝）狭いブロックの上を渡ることができるようになりたい」という願いを実現するには、「もっと高くて（10㎝）狭いブロック」といった人・物・ことが必要である。そこで、子どもは、それを実現しようとして、「もっと高くて (10㎝) 狭いブロック」を探そうとする。子どもが探そうとし、あたり見回すと、「もっと高くて（10㎝）狭いブロック」があった。子どもは、それを見出すと、その願いを実現しようとする。つまり、もっと高くて狭いブロックの上にのぼり、その上をバランスをとって渡ろうとする。

子どもは、うまくバランスをとりながら最後まで渡ることができた。渡ることができると、自分は「もっと高くて（10㎝）狭いブロックの上をバランスをとって渡ることができた（できる自分になった)」と認識する。嬉しさを感じる。

子どもは、「もっと高くて (10㎝) 狭いブロックの上をバランスをとって渡ることができる」という成長をなす。

さて、筆者は、上に、４歳を過ぎているのに５㎝～10㎝ぐらいの高さの平均台の上をバランスをとって渡ることができない、という子どもに出会うことがあると述べたが、その子どもたちは、身の周りに高くて (５㎝) 狭いブロックがなかったというだけではなく、もっと高くて (10

cm）狭いブロックもなかった（より正確にいえば、親によってかかわることが禁止されたためそうした人・物がないと同じ状況におかれた）、という子どもであるといってよいのではないだろうか。

普通、子どもにとっては、こうした「もっと高くて（10cm）狭いブロック」といった人・物・ことは、身の周りにいくらでも存在する。つまり、多くの子どもにとっては、こうした「もっと高くて（10cm）狭いブロック」といった人・物・ことは、ある。だが、これらの子どもたちにとっては、なかった。そのため、これらの子どもたちは、「もっと高くて（10cm）狭いブロックの上を渡ることができるようになりたい」という具体的な願いを実現することができなかった。また、そのことによって、多くの子どものなす「もっと高くて（10cm）狭いブロックの上を渡ることができる」という成長をなすことができなかった。

このように、「もっと高くて（10cm）狭いブロックの上を渡ることができるようになりたい」という願いを実現しようとして、その実現に必要な「もっと高くて（10cm）狭いブロック」という人・物を探しても見出すことができないという場合がある。その場合には、子どもは、その願いを実現することができず、そのことによって、「もっと高くて（10cm）狭いブロックの上を渡ることができる」という成長をすることができない。

それゆえ、この場合にも――多くの子どものなす成長を保証することとして――保育者が援助することが必要になる。

先に述べた、具体的な願いを形成していく所の人・物がないという場合には、子どもは、自分の（力）でその人・物がないということに気づくことはできなかった。それゆえ、自分の（力）で探しだし、用意することもできなかった。したがって、保育者が、その人・物を用意するという援助が必要であった。だが、この、具体的な願いを実現するために必要な人・物がないという場合には、子どもは、「もっと高くて（10cm）狭いブロックの上を渡ることができるようになりたい」という具体的な願いを既に形成し、それを実現するために「もっと高くて狭いブロック」という人・物を探そうとする。したがって、それが身の回りのかかわる範囲にないという場合、子どもはないということに気づくことができ、それゆえ、その範囲を超えて探し、見出し、用意しようとする。したがって、この場合には、保育者は――人・物を用意するという援助をするのではなく――子どもが身の周りのかかわる範囲を超えて探し、見出し、用意しようとすることを助ける、という援助をする。

具体的には、もっと高くて狭いブロックが身の周りのかかわる範囲内になくそれを超えた所にあるという場合には、しかも子どもが自分の力だけで探しにいくことに不安を感じているという場合には――保育者は、子どもが願いを実現するために探そうとしていること、そして自分の力だけで探しにいくことに不安を感じていることを理解し――子どもが探しにいくことに付き添うという援助を行う。保育者が付き添うことにより、不安は解消され、子どもは自分の力で探し、見出し、用意することできる。あるいは、もっと高くて狭いブロックが身の周りのかかわる範囲内になく、さらに子どもが自分の力だけで探し見出せる範囲を超えた所にあるという場合には――保育者は、子どもが願いを実現するために探そうとしていること、しかし、子どもの力だけではそれを探し見出すことでができないということを理解し――一緒に探しにいくという援助を行う。一緒に探しにいくことによって、子どもは自分の力だけでは探せない所まで探しにいくことができ、自分の力で探し、見出し、用意することができる。

3　子どもが親に見せたり伝えようとしない場合。また親が受け入れ、認め、共にし、共に立ち向かおうとしない場合。

子どもは、普通、願いを形成し実現しようとするすべてのプロセスにおいて、親に見せたり、伝えたり、頼んだりする。親が自分のすぐ近くにいないときには、わさわざ探して、自分のしていること、しようとしていることを――考えたり、感じたりしていることも含めて――「ほら、見て」と見せようとする。とともに、自分は高いブロックの上を渡ろうとしているよ」「渡ることができたよ」「落っこちそうで恐かった。けど、面白かったよ。」「渡ることができて、嬉しい！」などコトバでも伝えようとする。

本書、第１章ではのぞむ君の事例をとりあげた。のぞむ君は、穴にへびが住んでいることを知っていて、それを確かなものにしようと、ある穴をのぞきこんだ。するとへびじゃないものがでてきた。のぞむ君は「会う人ごとにへびじゃないものがでてきた」と訴える。母親が迎えに来たときもまっさきに「へびじゃなかった」と伝えることをする。本書、第２章でとりあげたWは、「顔を水につけることができるようになりたい」と思い、それができると、「プールで泳げるようになりたい」と思う。そしてある日とうとう「プールで手をついて泳げるようになった」。Wは、母に「かっくん　きょう　プールで　て　ついて　およいでん」と伝えることをしている。のぞむ君やWのこうした姿に、このことを見ることができる。

子どもは、このことをする。では、その時子どもは、親にどのようなことを求めているのだろうか。

子どもが親に求めることの一つは、子どもの生きていること、存在していること、それ自体を、大切な存在として受け入れる、ということである。

子どもが親に求めることの二つは、次のことである。子どもが、例えば「高くて狭いブロックの上をバランスをとって渡りたい」という願いを形成し、渡ることができた。そのとき子どもは、「自分は高くて狭いブロックの上をバランスをとって渡ることができた（できる自分になった)」と認識し、さらに「自分は（高くて狭いブロックの上を渡ることができる自分になっただけではなく）いろいろなことができる自分になった」と認識する。この時、親が「○○は高くて狭いブロックの上をバランスをとって渡ることができた（できる子どもになった)」と認識し、さらに「○○はいろいろなことができる子どもになった」と認識することである。

子どもの求めることは、三つには、子どものしようとすること、考えていること、感じていることのすべてを、親が理解する、ということである。理解するということは、共にする（共有する）ということである。
子どもが「高くて狭いブロックの上をバランスをとって渡ることができるようになりたい」と思い、渡ろうとする。そのとき、親が、高くて狭いブロックの上を渡りたいという思いを共にする。親が、うまくバランスを保って渡れるかハラハラドキドキするということを共にする（共に感じる）。親が、渡ることができ嬉しいと感じることを共にする（共に感じる）。親が、渡ることができなかった悲しいと感じることを共にする（共に感じる）、ということである。
子どもの求めることは、四つには、親が、子どもを「高くて狭いブロックの上をバランスをとって渡りたい」という思い（自己課題）をもちそれに立ち向かおうとしていると理解し、その理解に基づいて共に立ち向かおうとしてくれる、ということである。あるいは、親が、子どもを「高くて狭いブロックの上をバランスをとって渡りたい」という思い（自己課題）をもち自分の力で立ち向かおうとしている、しかし自分の力ですることができないと理解し、その理解に基づいて子どもが自分の力で立ち向かむかおうとするのを助けてくれる、ということである。
子どもは親に見せ伝え、そして頼もうとする。そのとき、四つのことを求める。それに呼応して、親が、（１）受け入れ、（２）認め、（３）理解し（共にし）、（４）共に立ち向う、助けること（以下、このことを「親が受け入れる、認める、……こと」というようにも表記する。）をするならば、その時、子どもはどのようになるのだろうか。
子どもは、二つの方向に進むように思われる。一つは、次の方向である。

（１）子どもは、この世に自分が生きていること、存在していること、それ自体を、大切な存在として受け入られると、嬉しさを感じる。
そして、子どもは――自分が大切な存在として受け入れられると嬉しさを感じるので――親に対して、自分を大切な存在として受け入れてくれることを求める。

親が自分を大切な存在として受け入れることをするならば、どうであろうか。

子どもは、まず、「自分はこの世で大切な存在なのだ」あるいは「自分はこの世で大切な存在として受け入れられているのだ」と自分を認識する。このように自分を認識すると、心のそこから大きな喜びが湧き上がってくる。そしてそういう自分を受け入れる。

嬉びを感じ、自分を受け入れるとき、周りの人・物に向かって開かれる。周りの人・物にかかわって「〜したい」「〜する自分になりたい」という思い、願いが湧いてくる。周りにある例えば「高くて狭いブロック」にかかわって「高くて狭いブロックの上をバランスをとって渡りたい」という願いを形成し、そして自分からそれを実現しようとする。

子どもは、このようにして、「高くて狭いブロックの上をバランスをとって渡ることができる」という成長をなす。

一方、親が子どもを大切な存在として受け入れることをしないならば、どうであろうか。

子どもは、その時、「自分はこの世で大切でない存在」「大切でないので生きている意味がない存在」「生きようが死のうがどうでもよい存在」「大切でないとして受け入れられない存在」と自分を認識する。

子どもは、自分をこのように認識するときには、嬉しさを感じない。悲しさ、苦しさを感じる。またそういう、「生きている意味のない存在」「生きようが死のうがどうでもよい存在」である自分を受け入れることはできない。

このとき、子どもは、親に対して、自分を大切な存在として受け入れることを、強く求める。

もちろん子どもは、親が自分を大切な存在として受け入れてくれる場合にも、このことを求めるのだが、親が自分を大切な存在として受け入れない場合には——自分は大切な存在であると認識することができないので、またそう認識することによる喜びを感じることができないので——より強く求める。

幼稚園・保育所で、親が大切な存在として受け入れない子どもにかかわると、こうした子どもがいかにこのことを強くまた絶えず求めるか、実感させられる。こうした子どもは、筆者（筆者は親ではなくただの保育者であるのだが、それにもかかわらず）を見つけると、高くて狭いブロックを上を渡るということをしていたとしても、つまり「〜したい」「〜する自分になりたい」という願いを形成し実現することをしていたとしても、それを放り出し、「自分の所にきてほしい」「自分だけに注目してほい」「自分を大切な存在として受け入れてほしい」と強く、また絶えず、求めることをする。

親に大切な存在として受け入られないとき、子どもはこのように自分を大切な存在として受け入れることを、強く、また絶えず求め、求めることにエネルギーのすべてを注ぎ込む。その時、「高くて狭いブロックを上を渡りたい」という願いを形成し実現しようとしていたとしても、そのことを放り出し、求めることをする。子どもは、「〜したい」「〜する自分になりたい」という願いを形成し実現していくことによって、例えば「高くて狭いブロックの上をバランスをとって渡ることできる」という成長をなす。だが、親に大切な存在であると受け入れられない時、子どもはそのことを放り出し、求める。それゆえ、「高くて狭いブロックの上をバランスをとって渡ることできる」という成長をなすことができない。

また、親が大切な存在として受け入れることをしない場合、そのとき、子どもは、「自分はこの世で大切でない存在」と自分を認識し、悲しさ、苦しさを感じる。

このとき、子どもに、「自分をこの世で大切でないとして受け入れない」親に対する怒り（攻撃性）が生じてくる。子どもは、この怒り（攻撃性）をもって、周りの人・物に向かい、例えば「高くて狭い所をバランスをとって渡ることができるようになりたい」という願いを形成し実現しようとする。

親が大切な存在として受け入れることをする場合には、もちろん、こうした怒りは生じてこない。したがって、怒りをもって、「〜したい」「〜する自分になりたい」という願いを形成し実現する、ということもない。願いを実現しようとするさいには、人・物に建設的・生産的にかかわっていく。

しかし、親が大切な存在でないとして受け入れないときには、怒りが生じる。したがって、「高くて狭い所をバランスをとって渡ることができるようになりたい」という願いを実現するさいには、攻撃する、あるいは怒りを爆発させる仕方でかかわる。高くて狭い所を、ゆっくりとバランスをとりながら渡ろうとするのではなく、やみくもに突進する。バランスをとれなくなった時、なんとかバランスをとり直そうとするのでなく、怒りを爆発させてしまう。そして「もうできないからやめる」と、渡ろうとすること自体をやめてしまう。

子どもは、「〜したい」「〜する自分になりたい」という願いを実現しようとする時、攻撃的で、怒りを爆発させる仕方ではなく、生産的、建設的にかかわることによって、より十全な「高くて狭い所をバランスをとって渡ることができる」という成長をなすことができる。親が大切な存在であると受け入れることをしない場合には、攻撃的で、怒りを爆発させる仕方でかかわるので、「高くて狭い所をバランスをとって渡ることができる」ということの十全な成長をなすことができない。

（2） 子どもは、例えば「高くて狭いブロックの上をバランスをとって渡りたい」という願いを形成し、渡ることができた。そのとき、子どもは、「自分は高くて狭いブロックの上をバランスをとって渡ることができた（できる自分になった）」と認識する。さらに「自分は高くて狭いブロックの上を渡ることができる自分になっただけではなく、いろいろなことができる自分になった」と認識する。

そして、子どもは――「自分はできた（できる自分になった）」「いろいろなことができる自分になった」と認識するとき、嬉しさを感じるので――親が自分を「○○はできた（できる自分になった）」「○○はいろいろなことができる自分になった」と認識する（認める）ことを求める。

親が自分を「○○はできた（できる自分になった）」「○○はいろいろなことができる自分になった」と認識する（認める）ならば、どうであろうか。

子どもは、親のそうした認識をうけて、「自分は高くて狭い所を渡ることができた（できる自分になった）」、「いろいろなことができる自分になった」と改めて自己認識する。そして改めて喜びを感じる。そしてそういう自分を改めて受け入れる。

このとき、子どもは、周りの人・物に開かれる。周りの人・物にかかわって「～したい」「～する自分になりたい」という思い、願いが湧いてくる。周りにある、例えば「高くて狭いブロック」にかかわって「もう一度、高くて狭いブロックの上をバランスをとって渡りたい」という願いを形成し、自分からそれを実現しようとする。そして「高くて狭いブロックの上をバランスをとって渡ることができる」という成長をなす。

もちろん、子どもは――親がそのように認識することはせず――自分だけでそのように認識する時にも、周りの人・物に開かれ、「高くて狭いブロックの上をバランスをとって渡りたい」という願いを形成し実現しようとし、成長をする。だが、親が「○○は高くて狭いブロックの上を渡ることができた（できる自分になった）」「○○はいろいろなことができる自分になった」と認識するときには、このことを改めて行い、「高くて狭いブロックの上を渡ることができる」という成長をなすのである。

一方、親が「○○はできた（できる自分になった）」「○○はいろいろなことができる自分になった」と認識することをしない場合は、どうであろうか。

子どもが「自分はできた」と認識する。しかし親は「○○はできなかった」と認識することは、よくあることである。子どもは――特に2、3歳の子どもは――例えば高くて狭いブロックの上を渡るという時、ほんの1、２歩でも渡ることができれば、「自分は渡ることができた」と認識する。そして「自分は渡ることができたよ」と親に伝える。また例えば紙を切り抜いてパンを作るというとき、ただ紙を半分に折っただけで「自分はパンを作ることができた」と認識し、それを親に言う。親からみれば、それはどう見てもパンには見えない。だから、「○○はパンを作ることができた」と認識する（認める）ことはできないのであるが、子どもは「自分はパンを作ることができた」と認識する。一方、親の多くは、例えば高くて狭いブロックの上を渡るという時、やはり最後まで渡り終えてはじめて「○○は渡ることができた」と認識する。また紙を切り抜いてパンを作るという時、やはり、パンらしいパンを作ってはじめて「○○はパンを作ることができた」と認識する。

子ども自身は「自分は渡ることができた」「自分はいろいろなことができる自分である」と認識した。それに対して親が「○○は渡ることができなかった」「○○はいろいろなことができる子どもではない」と認識するとき、子どもの多くは、「いや自分は渡ることができるのだ」「自分はいろいろなことができる自分であるのだ」と自分の認識を主張し、自分の認識を親に認めてもらおうとする。だが、このことをしても親が認めないとき、子どもは、親の認識を受け入れざるを得ない。子どもは、自分自身でも「自分は渡ることができなかった」「自分はいろいろなことができない自分である」と認識する。

このときには、一つには、「（もう一度）高くて狭いブロックの上を渡ることができるようになりたい」という思い・願いが生じてこない。

また、もう一つには――「（もう一度）高くて狭いブロックの上を渡ることができるようになりたい」という思い・願いが生じてきたという場合でも――その願いを実現しようとするとき、「自分は高くて狭いブロックの上を渡ることができなかった。だから今度も渡ることができないだろう」と予測する。このように予測することにより、願いを実現しようとすること自体が抑制されてしまい、願いを実現することができなくなる。

子どもは、「高くて狭いブロックの上を渡ることができるようになりたい」という願いが生じてき、またその願いを実現することができてはじめて「高くて狭いブロックの上を渡ることができる」という成長をなすことができる。親が「○○は渡ることができない」「○○はいろいろなことができない子どもである」と認識するとき、子どもは「高くて狭いブロックの上をバランスをとって渡ることができる」という成長をなすことができなくなる。

また、親が「○○はできない」と認識する場合には、子どもは「自分はできない」と認識し、悲しさ、苦しさを感じる。

このとき、子どもに、「○○はできない」と認識する親に対する怒り（攻撃性）が生じてくる。

子どもは、この怒り（攻撃性）をもって、周りの人・物に向かい、例えば「高くて狭い所をバランスをとって渡ることができるようになりたい」という願いを形成する。そしてその願いを実現しようとするさいには、怒り（攻撃性）を向ける、あるいは怒り（攻撃性）を爆発させる仕方でかかわる。高くて狭い所を、ゆっくりとバランスをとりながら渡ろうとするのではなく、やみくもに突進しようとする。バランスをとれなくなった時、なんとかバランスをとり直そうとするのでなく、怒りを爆発させてしまい、「もうできないからやめる」と渡ろうとすること自体をやめてしまう。

子どもは、「～したい」「～する自分になりたい」という願いを実現しようとする時、攻撃的で、怒りを爆発する仕方ではなく、生産的、建設的にかかわることによって、より十全な「高くて狭い所をバランスをとって渡ることができる」という成長をなすことができる。しかし、親が「○○はできない」と認識する（認める）ことをしない場合には――生産的・建設的ではなく攻撃的で怒りを爆発させる仕方でかかわるので――「高くて狭い所をバランスをとって渡ることができる」ということの十全な成長をなすことができない。

（3）子どもは、自分のしようとすること、考えていること、感じていることのすべてを、共にしてもらうと嬉しさを感じる。

そこで、子どもは、親に自分のしようとすること、考えていること、感じていることを、共にしてくれることを求める。

親が、しようとしていること、考えていること、感じていることを、共にしてくれるならば、どうであろうか。

子どもが、例えば「高くて狭いブロックの上を渡ることができるようになりたい」という願いを形成する。そして渡ろうとする。渡ることができた。「自分は渡ることができた（できる自分になった）」と認識し、嬉しさを感じる。このプロセスにおいて、親が「○○は渡ることができた（できる子どもになった）」と認識し、共に喜ぶ。この時、子どもの喜びと親の喜びが共鳴し合う。また、喜びが共鳴し合うことにより、一体になっていると感じられる。喜びが共鳴し合い、そして一体感が感じられるとき、子どもの喜びは2倍、3倍にも感じられる。

子どもが、「高くて狭いブロック上を渡ることができた（できる自分になった）」と認識し、喜びを感じると、子どもは、次に、「もっと高くて狭いブロックの上を渡ることができるようになりたい」という願い形成し実現していこうとする。親が喜びを共にするとき、喜びは2倍、3倍にも感じられるので、子どもは、次に形成するその願いを、より生き生きと、またより力強く形成し、実現していこうとするようになる。

また、子どもが、例えば「高くて狭いブロックの上を渡ることができるようになりたい」という願いを形成する。そして渡ろうとする。が、渡ることができなかった。子どもは、「自分は渡ることができなかった」と認識する。

このとき、子どもは、悲しさで一杯になる。このときには、「（もう一度）高くて狭いブロックの上を渡ることができるようになりたい」という思い・願いは、生じてこない。悲しさに満たされ、悲しいから泣く。泣くとさらに悲しみで一杯になる。だが、泣き続けていくと、少しずつ、悲しさの感情は薄れ、心のそこの方から澄みきった空間が広がってくる。そして、「たしかに自分は渡ることができなかった。だが自分はいろいろなことができる自分であるのだ。だから、もう一度したら渡ることができるようになるのではないか」という思いが湧いてくる。別の言い方をすれば、自尊心が取り戻されてくる。自尊心が取り戻されてくると、「(もう一度) 高くて狭いブロックの上を渡ることができるようになりたい」という思い・願いが湧きあがってくる。

このプロセスにおいて、親が共に悲しむとどうであろうか。親が共に悲しむとき、子どもは、「自分１人ではない。親が共に悲しんでくれる。自分１人だけが悲しんでいるのではない」と感じる。できなかったと認識し悲しさを感じるときには心はすさぶ。だが、「親が共に悲しんでくれる」と感じる時には心が温められる。それゆえ、心が温められる仕方で、自尊心を取り戻し「(もう一度) 高くて狭いブロックの上を渡ることができるようになりたい」という思いを形成し、実現していくようになる。[(2)]

子どもが親に見せ伝え頼もうとし、親が、受け入れる、認める、……ことをするならば、その時、子どもは、このように成長する。

しかし、この方向だけではない。子どもが親に見せ伝えようとし、親が、受け入れる、認める、……ことをするならば、その時、子どもは、次の方向においても、成長する。

親が子どもを、受け入れ、認め、共にし、共に立ち向かい、助けることをするならば、そのとき、子どもは――「自分は、受け入れられている、認められている、……」と自分を認識し、喜びを感じる。しかし、それだけではない。自分を受け入れてくれる、認めてくれる、……親を、「自分を受け入れてくれる人」「自分を認めてくれる人」……として認識するようになる。

ところで、親が子どもを大切な存在として受け入れるということ、また分かった、できたと認めるということは、別の言い方をすれば、子どもの生きていること（命）を、肯定し、生かそうとすることであるともいえる。したがって、子どもが親を「大切な存在として受け入れてくれる人」「わかった、できたと認めてくれる人」として認識するということは、親を「自分の命を、肯定し、生かそうとしてくれる人」と認識することでもあるといえる。子どもは、その人が自分の生命を肯定し生かそうとしている、と認識したとき、その人を好きになる。したがって、子どもが、親を、受け入れてくれる人、認めてくれる人……として認識するとき——親が自分の命を生かそうとしている人であると認識することでもあるので——親を好きになる。親が、受け入れる、認める、……ことをする場合には、子どもは、親を「受け入れてくれる人、認めてくれる人、……」として認識する、そして親を好きになるという関係へと入っていく。

以上、子どもが親に見せ伝え、頼もうとする場合、呼応して親が、受け入れる、認める、……ことをする場合、子どもは二つの方向に進むのだ、ということを述べた。だが、もちろん、子どもが見せ、伝えることをしようとしない場合には、また親が、受け入れる、認める、……ことをしない場合には、子どもはこれらの方向には進まない。それゆえその場合、保育者が、子どもが見せ伝えることをするよう援助することが必要であり、また、親が受け入れる、認める、……ことをするよう援助することが必要である。

では、それらの場合、保育者は具体的にはどのような援助をしたらよいのか。まず、子どもが見せ伝えることをしようとしない場合から考察してみよう。

ほとんどの子どもは、親に見せ伝えようとする→親が受け入れる、認める、……ことをする→親がそうしてくれると嬉しい、ということを経験してきている。それゆえ、自分から親に見せ伝えることをしようとする。しかし、子どもの中には、親との間でこうしたことをあまり経験してきていない。言い換えれば、そのことの楽しさ、嬉しさをあまり知らない。そのため、自分から見せ伝えようとしない子どもがいる。この場合には、保育者は、まず、親に代わって子どものしようとすることを、受け入れる、認める、……という援助を行う。保育者から理解してもらう、受け入れてもらう、……ことによって、子どもは、理解されること、受け入れられること、……の楽しさ知る。そのことによって子どもは、今度は、親に見せ伝えようとするようになる。そしてその時、子どもが躊躇してしまうならば、「私も一緒にするから一緒にしてみようか」といい一緒にそれをする、という援助をする。あるいは、「見せ伝えてごらん。楽しいよ。○○ならきっとできるよ」と励ますという援助をする。

子どもの中には、また、見せ伝えようとしたが、親が、受け入れる、認める、……ことをしない。無視する。そのため、親に見せ伝えようとすることをしなくなる、という子どもがいる。この理由から、見せ伝えようとしなくなる子どもは多い。

理由がこうしたことにある場合、保育者が親に代わって、受け入れる、認める、……ことをする。そして子どもが、受け入れられること、認められる、……ことの楽しさを知る、という援助をしても、あまり意味がない。子どもが、親に見せ伝えようとするようになったとしても、親が、受け入れる、認める、……ことをしないのであるから、子どもは、親に見せ伝えようとすることをやめてしまうだろう。この場合には、親に原因がある。したがって、保育者は、親が、受け入れる、認める、……ことをするよう援助しなければならない。

次に、親が、受け入れる、認める、……ことをしない場合は、どのような援助をしたらよいのだろうか。

子どもが親に見せ伝えようとする。しかし親が、受け入れる、認める、……ことをしない。その場合としては、いろいろな場合がある。親が、忙しく精神的に余裕がない。そのため、子どもが「見て」といってきたとしても、受け入れる、認める、……ことができない。むしろ「早く！早く！」と急かせてしまうという場合。子どものしようとすること、例えば庭に高くて狭いブロックを見出し、それにのぼり渡ろうとすること、そのことは、何の意味もないことと見える。あるいは怪我をしてしまう危険なことと見える。そのため、子どもの「高くて狭いブロックの上を渡ろうとすること」を、受け入れる、認める、……ことはできないという場合。子どもの高くて狭いブロックの上を渡ろうとすることは意味のないことであるとは思わないのだが、子どもの見せ伝えようとすることを親が受け入れる、認める、……ことは、意味のあること、大切なこととは思えない。そのため、受け入れる、認める、……ことをしないといった場合、などがある。

これらの場合、保育者は、まず、その時の親の思い、気持ちを話してもらい、聞き、受け入れる。忙しく、時間的、精神的に余裕がないため子どもの見せ伝えようとすることを受け入れる、認める、……ことができないという親は、そのことを話すだろう。また、庭にある高くて狭いブロックにのぼり渡ろうとすることが意味のないことであると見える、また危険なことと見える親は、やはり、そのことを話すだろう。保育者がその話しを十分に聞き受けとめるならば、その時、親の多くは――筆者の経験によれば――親に見せ伝えようとすることの子どもにとっての意味を、また、庭にある高くて狭いブロックの上を渡ることの子どもにとっての意味を、自分から考え、気づき、そして話すようになる。そしてさらに、子どもにとっての意味の理解に基づいて、親としてどのようにしたらよいのか、考え、話すようになる。

忙しいゆえに子どもの見せ伝えようとすることを受け入れる、認める、……ことができないという親は、自分が子どもの頃には、嬉しいことがあるとまた悲しいことがあると親に話し親がそれを聴いてくれるだけで安心したということ、さらに一緒に喜んでくれるとまた一緒に悲しんでくれると本当に嬉しかった、ということを話すだろう。さらに、子どもが見せ伝えようとするときには、たとえ忙しくとも、少しの時間でもよいから受けいれること、認めることをしたい、ということを話すだろう。

あるいは、庭にある高くて狭いブロックの上を渡ることが意味のないことであると見える親は、自分が子どもだった時、よく、こんな高くて狭い所を渡ろうとし、そして渡って楽しかったということに、自分から気づき、話すだろう。あるいは、他の子どももよくこのようなことをするのだということに気づき、話すだろう。

この時、保育者は、親の、子どもの見せ伝えようすることの子どもにとっての意味の気づきに、また、ブロックの上を渡ろうとすることの子どもにとっての意味の気づきに、共感する。また、親としてどのようにしたらよいのかの考えに、共感する。保育者が共感することによって、親は、子どもにとっての意味の気づきや親としてどのようにしたらよいのかの考えを、よりたしかなものにする。

保育者は、このようにする。

保育者がこのようにすることは、一つには、親が、子どもが親に見せ伝えようとすることの子どもにとっての意味に気づくこと、また高くて狭いブロックの上を渡ろうとすることの子どもにとっての意味に気づくことを助けることであり、また二つには、親が――子どもにとっての意味の気づきに基づいて――どのようにしていったらよいか、考え、話し、実行することを、助けるということである。

【註】

（1）この場合、子どもは――かかわる範囲内に「高くて狭いブロック」がないとき――自分（の力）で、そのないということに気づくことはできない。もし気づくことができるならば、子どもは、かかわる範囲を超えてその人・物を探していこうとし、そのことを通して、その人・物を用意することができるだろう。だが子どもは、気づくことはできないので、そういうことはしない。それゆえ、その人・物を用意することはできない。

なぜ、この場合、子どもは、ないということに気づくことができないのであろうか。

この場合、子どもは、「もっとバランスをとって渡ることができるようになりたい」という抽象的な願いから、それにかかわってバランスをとって渡ることができる所の人・物を見出そうとしているが、その抽象的な願いには、どんな人・物にかかわっていったらよいのかが捉えられていない。それに対して、子どもが「もっと高くて狭いブロックの上を渡ることができるようになりたい」という具体的な願いを形成しそこから「もっと高くて狭いブロック」を探す場合には——その具体的な願いには——「もっと高くて狭いブロック」という人・物が捉えられている。捉えられているため、子どもは「もっと高くて狭いブロック」を目指して探そうとする。その結果、かかわる範囲内を探し、もしなかったら、ないということに気づくことができる。気づくことができるので、かかわる範囲を超えて探し、その人・物を用意することができる。だが、抽象的な願いには、具体的な人・物が捉えられていないので、その人・物を目指すことはできない。それゆえ、ないということに気づくことはできず、その結果、用意することもできないのである。

これに対して、保育者の方は、どうか。保育者は、まず、多くの子どもが、「もっとバランスをとって渡りたい」という抽象的な願いを形成し、それを実現しようとして人・物にかかわっていくということ、そしてかかわる範囲内に高くて狭いブロックがあり、それにかかわり「高くて狭いブロックの上を渡ることができるようになりたい」いう具体的な願いを形成し実現していくこと、を捉える。そしてこの捉えをベースにして、その子どもが、そこで、どのようにしようとしているのかを捉える。多くの子どものしようとすることの捉えに基づいて、その子どもがそこでしようとすることを捉えるならば、その子どもが、かかわる範囲内に「高くて狭いブロック」という人・物・ことがないということ、その結果、「高くて狭いブロックの上を渡ることができるようになりたい」という具体的な願いを形成し実現することができなくなっていること、を捉えることができる。

このように保育者は、その子どもにとって高くて狭いブロックという人・ものがないということを捉えることができ、その結果、その人・物を用意することができるのである。

（2）子どもが、あることをしようとし、あることを思い（考え）、あることを感じる。親が、子どものしようとすること、思うこと（考えること）、感じることを、共に思う、共に感じることは、子どもにとっては、本文で述べたこと以外に、次のような、いろいろな意味をもつ。

・例えば、子どもが積み木でロボットを作っていた。その隣で、ある他の子どもも積み木でロボット作っていた。子どもは、ロボットを完成させようとして、床にある積み木に手を伸ばした。その時、他の子どもも、その同じ積み木に手を伸ばし、「これは、僕のだよ」「いや、これは僕のだよ」と積み木の取り合いになった。この時、親が、取り合いはよくないと怒ったり叱ったりするのではなく、子どもの「ロボットを完成させるためにその積み木が欲しいんだ」という思いを、共に思い、「○○はロボットを完成させるためにその積み木が欲しいのだね」とコトバにして伝えるならば、子どもは「自分は分かってもらった」と感じる。また、「自分は受けいれてもらった」と感じる。
・また、例えば、子どもが積み木でロボットを作っていた。そして、作ることができた。子どもは、「上手に作ることができた」と思った。親が、子どもの「上手に作ることができた」という思いを共に思い、それを「○○は上手に作ることができたんだね」とコトバにして伝えると、子どもは、「自分が上手に作ることができたということが認められた」と感じる。
・また、例えば、子どもが夕日の海に沈むのを見て、「美しい、きれい」と感じた。そして、「夕日は、美しいね。きれいだね」と言った。そこで親も、子どもと一緒に夕日が海に沈むのを見て、「夕日は美しい、きれいだ」と共に感じ、「本当だね。その通りだね。夕日は美しいね、きれいだね」と言った。親がこのように共に感じ、そのことをコトバで伝えることをすると、子どもの多くは、もう一度、親と一緒に夕日の美しさを感じようとする、ということをする。

この場合には、親が子どもと一緒に夕日は美しいと共に感ずることが、子どもが親と一緒に夕日は美しいと感じようとすることを引き起こす。

第5章　子どもが確証—実現することを どうしてもできない場合

自我が誕生した子どもは、一つには「既にいろいろなことができる自分である」と自己認識し、それを確証しようとする。もう一つには「できる自分になりたい」という願いを形成し、それを実現しようとする。

子どもが、確証—実現することをしようとする時、もちろん、その場で、すぐ、できるという場合がある。しかし、そうでない場合も多い。その場合子どもは——Y子の場合に見ることができるように——あくまでできるようになろうとする。何度も何度も試み、そしてとうとうできるようになる。

確証—実現することができるようになったとき、子どもは「〜ができる自分になる」という成長をなす。

そして、「〜することができる既にいろいろなことができる自分である」と、また「〜することができる自分になった」と自己認識していく。

子どもは、このようにしていく。

だが、子どもが、「自分は既にいろいろなことができる自分である」と自己認識しまた「できる自分になりたい」という願いを形成し、確証—実現しようとするが、そのことができない。そこで、もう一度試みるが、できない。そこで、さらに何度も試みるが、それでもできない、という場合がある。

そういう時、子どもは、どうしようとするのだろうか。

第1節　A男のエピソード

筆者は、これまで、ある特定の子どもがある場面においてしようとすること、その姿を記録したものを、○○の事例としてとりあげてきた。しかし、本節で述べるのは、そうしたある特定の子どもの姿ではない。そうではなく、何人かの子どもたち（5、6歳）の姿の観察をもとに、筆者が構成したものである。ただ、記述の仕方として、ある1人の子どものしようとする姿として記述する。それゆえ、これについては――これまでは○○の事例という呼び方をしてきているが――○○の事例とは呼ばず、○○のエピソードと呼ぶことにしたい。

ある子ども――ここではA男と呼ぶことにしたい――は、５歳児クラスの５月頃、幼稚園の保育室で、１人、積み木やブロックで基地やロボットを作るという遊びをして、一日の大半を過ごしていた。園庭にでて、身体全体を使い、ジャングルジムに登ったり、走りまわったりすることは、ほとんどしない。ただ、そのことが苦手だからしないということではないようである。保育者から誘われれば一緒にする。だが、自分から進んでしようとはしない。これまで、家ではコンピーター[sic]で文字を打ったり積み木やブロックで遊ぶことをしてきており、また幼稚園でも、３歳児クラスの時から、保育室で積み木やブロックで遊ぶことを中心としてきている。こうした遊びの方が、A男には気が安まり、また楽しい。そこで、こうした遊びをするということになっているようである。

また、５歳児クラスのこの５月頃では、ほとんどの子どもは、既に一緒に遊ぶ友達がおり、その友達と一緒に遊ぶということをしている。だが、A男は、そうではなく、１人で遊ぶ。ただ、誰か友達と遊びたいという気持ちはもっているようである。基地やロボットを作りながら、他の子どもが友達と遊ぶ様子をじっと見ていたりする。

担任の保育者も、A男の母親も、A男のこの――５歳児５月の時点での――室内で、また１人で、遊ぶ姿が気になっていた。A男の母親は――友達と遊ぶようA男に直接働きかけるのではなく――担任の保育者に相談した。担任の保育者も、A男のこの姿が気になっており、働きかけたいと思っていた。保育者は、母親に、A男は今１人で遊んではいるが友達と遊びたい思っていること、同じクラスにやはり１人で遊んでいるB男という子どもがおりA男はそのB男と友達になれそうであるということ、そこで、A男がB男と一緒に遊ぶよう働きかけたい、ということを話した。

担任の保育者は、例えば、A男が積み木で遊んでいる所に入り、そこにB男を誘う、そしてB男も一緒に積み木で遊ぶことをするといった働きかけをしてみた。また、A男の母親も、B男を家に誘い、A男とB男が共に好きな積み木で一緒に遊ぶ機会を作ってみた。担任の保育者も、A男の母親も、5月下旬から7月上旬まで、こうした働きかけを続けた。

だが、こうした働きかけにもかかわらず、たしかに最初はA男、B男とも「どんなものを作るの？」とか「自分は合体ロボを作るのだ」といった言葉を交わながら相手にかかわっていくことをするのだが、しばらくすると、そのようにかかわることはしないで、それぞれが自分の作りたいものを作ることに専念する、ということになってしまう。結局、1人で遊んでも「一緒に遊んで楽しかった」という実感をえることなく終わってしまう、ということを繰り返していた。そして、こういうことを繰り返すなかで、A男、B男ともとうとう、一緒に遊ぼうとしなくなった。

一緒に遊ぼうとしなくなってしばらくした7月中旬、もうじき夏休みに入るというある日、A男は、母親に言った。「今度の幼稚園での運動会では、クラスの子ども全員がリレーをする。そのリレーで自分は一番になりたい（一番早く走る自分になりたい）。そのため、夏休みに練習をするんだ。」母親は、これを聞いて大変驚いた。また、母親からこのことを聞いた担任の保育者も、大いに驚いた。

A男は、「運動会のリレーで、友達と一緒に走りたい（走る自分になりたい）、一番早く走りたい（一番早く走る自分になりたい）」という願いを形成しているが、A男は、なぜ、こうした願いを形成したのであろうか。

A男は、外で身体全体を使って遊ぶということをほとんどしない子どもであった。たしかに、それは、苦手だからではなく、積み木やブロックで遊ぶ方が楽しいからであったが、とにかくしなかった。こうしたA男の姿をみて、母親や保育者は「A男は外で身体全体を使って遊ぶことをしない子どもだ」と認識し、「A男には外で身体全体を使って遊ぶ子どもになってほしい」と願った。A男は、こうした母親や保育者の認識に気づき、それを受けて、自分自身を「外で身体を使って遊ぶことをしない子ども」と認識するようになったのではないだろうか。

A男は、また、５歳児５月の時点でも、友達と一緒に遊ぶことをしない子どもであった。そのあと、B男と遊ぼうとしたのだが、そしてまた母親、保育者もそれと同じ願いをもちA男に働きかけのだが、A男は結局B男と遊ぶことができなかった。親、保育者はA男を「友達と一緒に遊ぶことのできない（子ども)」と認識する。A男も自分自身を「友達と一緒に遊ぶことのできない（自分)」と認識することになる。

A男は、このように、「自分は、外で身体を使って遊ぶことをしない（自分である)」「自分は、友達と一緒に遊ぶことができない（自分である)」と認識する。自分をこのように認識すると、悲しく、苦しい。しかし、子どもは——そして大人もそうであるが——このような自分である（あり続ける）ことは、できない。「自分は充実感を感じる何かをしたい」「自分は充実感を感じる何か自分になりたい」と思う。充実感を感じる「何か〜すること」「何か〜する自分」を求める。

こうした時、A男は、年中の時運動会で簡単なかけっこをして楽しかったこと、また今度の運動会では自分たちはリレーをするのだということ、を思い出した。A男は、今度のリレーで、友達と一緒に走ること（自分)、そして、走るだけでなく一番早く走ること（自分）を想像してみる。想像上ではあるが、友達と一緒に走ると、また一番早く走ると、強い充実感を感じる。A男は、充実感を感じる「何か〜すること」「何か〜する自分」を見出す。A男は、「今度の運動会のリレーで、友達と一緒に走りたい（走る自分になりたい)、一番早く走りたい（自分になりたい)」と思う。A男は、「今度の運動会のリレーで、友達と一緒に走りたい（走る自分になりたい)、一番早く走りたい（自分になりたい)」という具体的な願いを形成する。

A男は、その翌日から、夕方少し涼しくなって頃をみはからって、家の近くの空き地で走ることを始めた。9月になり、幼稚園が再び始まった。幼稚園では、子どもたちが自分たちでリレーをして遊べるよう、リレーのコースをひいてやる。何人かの子どもたちが早速リレーで走ることを始めた。と、A男もいつの間にかそこに参加して走ることをしていた。

A男は、このように、他の子どもたちも自分から参加してくるなかで、ほぼ毎日、何度も走ることをした。それまで外で遊ぶこと、また身体全体を使って遊ぶことをほとんどしてきていないA男であったが、繰り返し走る中で、次第に、他の子どもと同じ早さで走れるようになってきた。またA男は、リレーにいつも参加してくる何人かの子どもと一緒に走るようになってきた。一緒に走ることの楽しさを共感できるからであろうか、一緒に走りながら、その子どもたちに自分から声をかけるようになってきた。

第2節　T男の事例

高嶋景子氏は、「子どもの育ちを支える『場』について考える―他者とのかかわりに難しさを抱えた子どもの事例から―」という標題の論文において、私立幼稚園の年中児クラスに入園したある子ども（高嶋氏はT男と呼んでいる。以下本稿においてもT男と呼ぶことにしたい）の幼稚園での生活の姿を描いている。(1) ここでは、氏の記述にもとづきつつ、T男のその姿を述べることにしたい。

高嶋景子氏によれば、T男は、ある私立幼稚園の年中児クラスに入園してきた。入園当初のT男は――担任保育者の話す所によれば――自分の年中児クラスに入り、そのクラスの子どもたちとかかわろうとすることはまったくしない。また、担任の保育者ともかかわろうとしない。逆に、保育者がかかわろうと「話掛けても、目も合わせ」(2) ない、という子どもであった。このように、同じクラスの子どもたちとも、また担任保育者ともかかわろうとすることはせず、ただ、「毎朝登園すると必ず三輪車に乗って、1人でグルグルと園庭をまわ」(3) る、ということをしていた。

このように、Ｔ男は、毎朝登園すると、１人で、三輪車に乗って園庭をグルグルとまわることをするのであるが、そのさいＴ男は、ただ三輪車に乗るということをしていたのだろうか。それともテレビアニメのヒーロー、たとえばゴレンジャー１号になって（なりきって）乗るということをしていたのだろうか。この点については――氏は何もふれておらず――明らかではない。ただこの時期の子どもは、三輪車に乗って遊ぶとき、ゴレンジャーなどになって乗るということは多い。それゆえ、Ｔ男はこのとき、ただ三輪車に乗るということもするが、ゴレンジャーになって乗るということもしていたのではないかと考えられる。

入園当初のＴ男は、このように、１人で、三輪車に乗るということをしていたが、しかし、その中で、充実感を感じ、余裕がでてきたのであろうか。５月初旬になると、今度は、１人ではなく、Ｓ男という子どもと三輪車に乗るようになってきた。Ｓ男は「家が近所で入園前から一緒に遊んでいた」(4) 子どもである。ただ、Ｔ男と同じ年中児クラスの子どもではなく年少児クラスの子どもである（以下、「年中児クラスの子ども」を「年中の子ども」と表記する。また「年少児クラスの子ども」を「年少の子ども」と表記する)。そのＳ男とだけ――Ｔ男がＳ男のクラスに遊びにいったり、あるいはＳ男を誘ったりしながら――三輪車に乗って遊ぶようになってきた。

この場合、すなわち、Ｔ男やＳ男が三輪車に乗って遊ぶさい、ただ三輪車に乗って遊ぶということをしていたのだろうか。それともゴレンジャー１号などになって乗るということをしていたのだろうか。この点についても、やはり明らかではない。だが、上と同様に、Ｔ男とＳ男は、このとき、ただ三輪車に乗るということもするし、ゴレンジャーになって乗るということもしていたのではないかと考えられる。

Ｔ男は、５月初旬から、Ｓ男と三輪車に乗って遊ぶということを続けたが、６月頃になると、今度は――これまでは、自分のクラス（年中）に入ろうとはせず、自分のクラスの子どもたちとかかわろうとすることはしなかったのであるが――担任保育者の援助のもと、自分のクラスの子どもたちとかかわりその子どもたちとごっこ遊びをしようとするようになる。

T男にとって、自分のクラスの子どもたちとかかわるのは初めてのことである。だから、そのごっこ遊びは、心躍る、楽しいものであったに違いない。高嶋氏も、T男は「はじめは楽しそうに見えた」と書いている。だがT男は、次第に「表情が固くなってくる」。そして「1人で取り残されている」[5] という感じになり、最終的には、その子どもたちとのごっこ遊びをやめてしまう。

T男は、なぜ、このようになってしまうのだろうか。

この点を理解するためには、まず、この自分のクラス（年中）の子どもたちとのごっこ遊びにおいて、T男はどのようなことをしようとするのか、またどのような喜びを感じるのか、捉えてみる必要がある。

① T男は、自分のクラス（年中）の子どもたちが遊んでいるのを見、「ゴレンジャーごっこをしている」と理解する。自分もその遊びをしたいと思い、「入れて」という。その子どもたちが「いいよ」という。つまり、その子どもたちがT男を「一緒にゴレンジャーごっこをする友達（仲間）」として認めるということをする。T男は、「自分は年中の子どもたちと一緒にゴレンジャーごっこをする友達（仲間）として認められた」と認識する。嬉しさを感じる。

② T男は、一緒にゴレンジャーごっこをする友達（仲間）として認められたので、一緒にごっこ遊びをしようとする。T男は、自分のなりたいゴレンジャー1号を脳裏に思い浮かべる（イメージする)。そしてそのまま、すぐ、ゴレンジャー1号になる（なりきる)。そしてゴレンジャー1号になりきって、オートバイにとび乗ったり、怪人と戦ったり、困った人を助けたりする（振る舞う)。

T男にとって、ゴレンジャー1号は強く大きい人である。それゆえ、大きい自分になりたいと思っているT男にとっては、あこがれの人である。T男は、ゴレンジャー1号になって（なりきって)、ゴレンジャー1号として振る舞うとき、「自分は強く大きいゴレンジャー1号である」と認識する（感じる)。「自分は強く大きいゴレンジャー1号である」と認識する（感じる）とき、嬉しい。

③―①　T男が、ゴレンジャー1号になって振る舞う。その子どもたちが、T男がゴレンジャー1号になっていること、ゴレンジャー1号になって振る舞っていること、そのことを、受け入れてくれる。このように受け入れられると、嬉しい。

③―②　T男はゴレンジャー1号になって振る舞う。「自分は強く大きいゴレンジャー1号である」と認識し、嬉しさを感じている。その子どもたちが、「T男は強く大きいゴレンジャー1号である」と認める。このように認められると、嬉しい。

③―③　T男は、ゴレンジャーになって振る舞い、「自分は強く大きいゴレンジャー1号である」と認識し、嬉しさを感じている。その子どもたちも、それぞれいろいろなゴレンジャーになって振る舞い、「自分は強く大きいゴレンジャーである」と認識し、嬉しさを感じている。T男のその喜びとその子どもたちの喜びが、共感し合う（共鳴する)。喜びが共感し合う時、T男の喜びは、2倍、3倍にも感じられる。

また、T男の喜びとその子どもたちの喜びが共感し合うとき、T男はその子どもたちとの一体感を感じる。一体感を感じるとき、T男の喜びはより強く感じられる。

T男は――年中の子どもたちとごっこ遊びをするとき――この①②③のことをしようとし、①②③の喜びを感じる。

T男は、たしかに、このようなことをしようとし、このような喜びを感じるのだが、だが、T男と一緒に遊ぶ年中の子どもたちが、同じことをしようし、同じ喜びを感じるとは限らない。年中の子どもたちは――②の局面において――T男とは異なり、次のようにしようとする。

年中の子どもたちは、まず、(1）ゴレンジャーごっこの全体、つまり、ゴレンジャー1号、2号、3号、怪人1号、2号、3号といったメンバーや、それぞれの役割を脳裏に思い浮かべる。(2)「自分はゴレンジャー１号をとりたい」、「自分は怪人１号をとりたい」と自分の取りたいものを言い、話し合って、「自分はゴレンジャー１号をする」「自分は怪人１号をする」と決めていく。（3）決まると――「ゴレンジャー１号の役をするのだ」とはっきりと意識して――ゴレンジャー１号の役を演じる（振る舞う）、ということをする。

一方、T男が、ゴレンジャーごっこをしようとするときは、（1）ゴレンジャーごっこの全体を脳裏に思い浮かべるということはしない。そうではなく、自分のなりたいゴレンジャー１号のみを脳裏に思い浮かべる。（2）話し合って「自分はゴレンジャー１号をする」ということを決めていくことはしない。ゴレンジャー１号をイメージしたら、そのまま、すぐ、ゴレンジャー１号になりきる。（3）「自分はゴレンジャー１号の役をするのだ」とはっきりと意識して、ゴレンジャー１号の役を演じる（振る舞う）、ということはしない。ゴレンジャー１号になったら、その思いのままに、振る舞う。(6)

このように、年中の子どもたちがしようとすることは、T男のしようとすることは大きく異なっている。

この年中の子どもたちがしようとすることは、T男が、子どもたちとごっこ遊びをすることを積み重ねることを通して、次第にできるようになっていくことである。たしかにT男は、これまで、年中の子どもたちとごっこ遊びをすること、また、S男とごっこ遊びをすること（ゴレンジャーになって三輪車に乗る）を積み重ねてきている。だが、まだ不十分であり、T男は、年中の子どもたちのするようにしないのである。

しかし、T男のしようとすることは、年中の子どもたちからみると――ゴレンジャー１号のみを思い浮かべそのゴレンジャー１号にそのまますぐなる、というものであるので――勝手にゴレンジャー１号の役を取り、する、というように見える。また、ゴレンジャー１号としての役割を演じる（振る舞う）、というよりは、むしろ、ゴレンジャー１号になりきってその思いのままに振る舞っている、というように見える。それゆえ、年中の子どもたちは、T男のしようとすることを、受け入れることができない。年中の子どもたちは、T男を、「勝手にゴレンジャー１号の役を取る。また、役割を演じる（振る舞う）のではなく、思いのままに振る舞っている（子どもである）」と認識する。T男は、この認識を受けて、自分を「勝手にゴレンジャー１号の役を取る。また、役割を演じる（振る舞う）のではなく、思いのままに振る舞っている（自分である）」と認識する。T男は、悲しさ、苦しさを感じる。T男は、年中の子どもたちとごっこ遊びをするとき、上に述べた①、②、③の喜びを感じるのだが、同時に、悲しさ、苦しさを感じる。こうした悲しさ、苦しさを感じる時、喜びもかき消されてしまう。T男は、次第に「その表情が硬くなっていき」、そして最終的には、その子どもたちとのごっこ遊びをやめてしまう。

しかし、子どもは――大人もそうであるが――こうした自分である（あり続ける）ことはできない。T男もそうであろう。T男は、充実感を感じる「何か～すること」「何か～する自分」を求める。T男は、充実感を感じる「何か～したい」「何か～する自分になりたい」という願いを形成する。

既にみたA男の場合もそうであった。A男は「B男と一緒に遊びたい（遊ぶ自分になりたい）」という願いを形成し、実現しようとした。しかし、実現できなかった。A男は自分を「B男と一緒に遊ぶことのできない（遊ぶことのできない自分）」と認識し、悲しさ、苦しさを感じた。そういう「～すること」「～する自分」に対して、充実感を感じる「何か～すること」「何か～する自分」を求め、充実感を感じる「何か～したい」「何か～する自分になりたい」という願いを形成した。

T男も、充実感を感じる「何か～したい」「何か～する自分になりたい」という願いを形成する。ただ、この願いは、どのような人・物にかかわって、どのようなことをしたいのか、どのような自分になりたいのか、まだ明確になっていない願いである。T男は、試行的に探していく。

このときT男の周りに、たまたま、年少の子どもたち２、３人が、それぞれゴレンジャー１号になりきって遊んでいた。T男は自分もその遊びをしたいと思う。

3歳児の遊びは、「(その遊びに) 入れて」といい「いいよ」という承認をえてから入るということをしなくともよい。T男は、そのまま、自分のなりたいゴレンジャー1号になりきり、振る舞う。怪人と闘ったり、困った人を助けたりする。T男は、「自分は強く大きいゴレンジャー1号なのだ」と感じる。自分がそのような強く大きいゴレンジャー1号であることに喜びを感じる。また、一緒に遊ぶ子どもたちが「T男は強く大きいゴレンジャー1号である」と認める。また、T男の喜びに共感する。T男は、認められる、また共感されると嬉しい。

T男は、このように、たまたま、年少の子どもたちがごっこ遊びをしている所に出会い、それにかかわる。かかわることにおいて、そこに、大きな充実感を感じる。T男は、自分の求めていたものはこれだと感ずる。T男は、「何か〜すること」「何か〜する自分」のその何かを見出すことができた。T男は、「年少の子どもたちとごっこ遊びをしたい(ごっこ遊びをする自分になりたい)」という具体的な願いを形成し、そして、それを実現しようとする。T男は、年少の子どもたちとごっこ遊びをすることを続ける。

年中の子どもたちとのごっこ遊びをやめたT男は、充実感を感じる「何か〜すること」「何か〜する自分」を年少の子どもたちとのごっこ遊びに見出し、年少の子どもたちとのごっこ遊びを続けていく。だが、高嶋氏によると、T男は、それを続けるだけでなく、それと平行して、1人で三輪車に乗って遊ぶということをしていく。そして、さらに、年少の子どもたちと三輪車に乗って遊ぶということをしていく。

年少クラスの保育室のある園舎と年中クラスの保育室のある園舎を結ぶ渡り廊下の脇に三輪車置き場があり、その脇が裏門に至る穏やかな短い坂となっている。T男は三輪車に乗って、その坂と三輪車置き場の間を行き来することが多かったが、特に、6月半ばのある日のお弁当後、通りかかった担任保育者がオートバイのような擬音を発しながら三輪車に乗っていた彼のイメージを受け止めてかかわった後から、三輪車に乗るときの声がますます大きくなっていった。(7)

S男のクラスの年少児数名がT男の近くで同じように三輪車に乗ることが多くなり、T男は彼らに対して、巧みに三輪車を乗り回す技を披露し、そうしたT男の姿に、年少児たちが拍手を送ったり、後をついて真似をする様子が見られるようになった。(8)

入園当初のT男は――既に述べたように――毎朝登園すると三輪車に乗り、1人グルグルと園庭をまわっていた。この6月半ばの時期のT男も――上に述べた年少の子どもとごっこ遊びをすることと平行して――1人で三輪車に乗り、坂と三輪車置き場の間を行き来している。入園当初のT男も、ただ三輪車に乗るだけでなく、ゴレンジャーなどになって乗ることをしていたと考えられるが、この時のT男も、ただ三輪車を乗るだけでなく、ゴレンジャーになり、それゆえ三輪車をゴレンジャーが乗るオートバイに見立てて、「オートバイのような擬音を発しながら」乗るということをしている。

T男が、ただ三輪車を乗り回すとき、T男は、巧みに三輪車を乗り回したいと思う。そこで、そういうことができたとき、「自分は巧みに三輪車を乗り回すことができた（乗り回すことのできる自分になった）」と自分を認識する。嬉しさを感じる。また、ゴレンジャーになって巧みに三輪車を乗り回す時には、ゴレンジャーになって巧みに三輪車を乗り回したいと思う。そこで、そういうことができると、「自分は巧みに三輪車を乗り回すことのできる強く大きいゴレンジャーである」と認識し、喜びを感じる。

そして、T男が、このように、1人で三輪車を乗り回すことを続けているうちに、年少の子どもたち数名が、T男の近くで、同じように三輪車に乗るようになってきた。年少の子どもたちも、三輪車に乗るとき、一つには、巧みに三輪車を乗り回したいと思って乗る。またもう一つには、「ゴレンジャーになって巧みに三輪車を乗り回したい」と思って乗る。そうした年少の子どもたちにとっては、T男の巧みに三輪車を乗り回す姿は、また、ゴレンジャーになって巧みに三輪車を乗り回す姿は、あこがれの的である。

T男が三輪車を巧みに乗り回すことをすると、年少の子どもたちは、T男を、「T男は巧みに三輪車を乗り回すことができる」「T男は巧みに三輪車を乗り回す強く大きいゴレンジャーである」と認識し、「拍手を送ったり」「後をついて真似をしたりする」。

T男は――上の1人で三輪車を乗り回す場合と同じように――「自分は巧みに三輪車を乗り回すことができる」と認識し、嬉しさを感じる、また「巧みに三輪車を乗り回すことのできる強く大きいゴレンジャーである」と認識し、嬉しさを感じる。だが、それだけではない。一緒に遊ぶ年少の子どもたちは、T男の「自分は巧みに三輪車を乗り回すことができる」ということを認める。T男の「自分は巧みに三輪車を乗り回す強く大きいゴレンジャーである」ということを認める。T男は、この認められることの嬉しさも感じるのである。

そして2学期になる。2学期になるとどうであろうか。氏は、次のように述べている。

> 2学期に入り、年少のメンバーが特定し始めると、T男の方から後追いする形で彼らにかかわりを求めていっている様子が見られ、その後、次第に、T男の後をついて乗りまわるグループが年少児の間に形成されてきた。(9)

これまでは、T男が三輪車を乗り回す、年少の子どもたちがそこに集まってきて三輪車を乗り回す、という感じであった。しかし、集まってくる年少の子どもたちが特定しはじめ、T男を含めてお互いを「この遊びを一緒にする友達（仲間）」として認め合うようになる。

T男は、こうしたお互いが一緒に遊ぶ友達（仲間）であると認め合う関係の中で、その中心的な存在として、（ゴレンジャーになって）巧みに三輪車を乗り回す、ということをするようになる。

Ｔ男は、どうであろうか。このとき、どのようなことをしようとし、どのような喜びを感じるのだろうか。

①　年少の子どもたちから「一緒に遊ぶ友達（仲間）である」と認められ、認められる嬉しさを感じる。

②　Ｔ男は、巧みに三輪車を乗り回したいと思う。また、ゴレンジャーになって巧みに三輪車を乗り回したいと思う。それができたとき、「自分は巧みに三輪車を乗り回すことができた」と認識し、また「自分は巧みに三輪車を乗り回すことのできる強く大きいゴレンジャーである」と認識し、嬉しさを感じる。

しかし、これだけではない。Ｔ男がゴレンジャーになって巧みに三輪車を乗り回すということをするとき、ゴレンジャーごっこの全体を思い浮かべ、そして、話し合って、ゴレンジャー１号の役をとるということをしていくかもしれない。また、「自分はゴレンジャー１号の役をするのだ」とはっきり意識してゴレンジャー１号の役を演じる、ということをするかもしれない。Ｔ男はこれまで、年少の子どもたちとごっこ遊びをすること、Ｓ男とごっこ遊び（ゴレンジャーになって三輪車を乗ること）をすること、年少の子どもたちとごっこ遊び（ゴレンジャーになって三輪車を乗り回すこと）をすることを、積み重ねてきている。このように積み重ねてきているので、このようにする可能性はきわめて高い。もしこのようにするなら、Ｔ男はこのとき、ゴレンジャー１号の役をとりゴレンジャー１号の役を演じることの喜びを感じることになる。

③―①　Ｔ男が（ゴレンジャー１号になって）巧みに三輪車を乗り回す。年少の子どもたちが、Ｔ男が（ゴレンジャー１号になって）巧みに三輪車を乗り回すということ、そのことを受け入れてくれる。受け入れられると、嬉しい。

③―②　年少の子どもたちが、Ｔ男を「巧みに三輪車を乗り回す」「巧

みに三輪車を乗り回す強く大きいゴレンジャー1号である」と認める。認められると、嬉しい。

③—③　T男の喜びと年少の子どもたちの喜びが共感し合う。共感し合うとき、T男の喜びは、2倍、3倍にも感じられる。

T男が——お互いが一緒に遊ぶ友達（仲間）であると認め合う関係の中で——その中心的な存在として、（ゴレンジャーになって）巧みに三輪車を乗り回す、ということをするとき、このようにしようとし、このような喜びを感じる。これら、T男のしようとすることや喜びは、T男が、6月頃、年中の子どもたちとごっこ遊びをしたときのしようとしたことや喜びと同じである。しかし、次の点が異なっている。6月頃年中の子どもたちとごっこ遊びをしたときには、T男は、ゴレンジャーごっこの全体を思い浮かべ、話し合って、ゴレンジャー1号の役をとるということはしようとしなかった。また、「自分はゴレンジャー1号の役をするのだ」とはっきり意識してゴレンジャー1号の役を演じる、ということもしようとしなかった。それゆえ、年中の子どもたちがT男を「勝手に役をとり、思いのまま振る舞う子ども」と認識し、最終的にはT男がごっこ遊びをやめてしまうということになった。しかしT男は、この後、年少の子どもたちとごっこ遊びをすることを積み重ねてきている。それゆえ、この2学期の、年少の子どもたちとのごっこ遊びおいては、T男が、これらのことをするということは、十分考えられる。

そしてT男は、12月になると——年少の子どもたちとではなく——年中の子どもたちと遊びたいという願いを形成し実現していこうとするようになる。氏は、次のように述べている。

12月になると、三輪車置き場の横で泥団子作りをしているクラスの子どもたちの輪へ、三輪車を媒体としながら声を掛け、かかわっていこうとするT男の姿が見られた。(10)

すなわち、Ｔ男は、６月頃、年中の子どもたちとごっこ遊びをしたいという願いを形成し実現しようとしたが――年中の子どもたちがＴ男を「勝手に役をとり、思いのまま振る舞う子ども」と認識し、悲しさ、苦しさを感じた。Ｔ男は、充実感を感じられる「何か～すること」「何か～する自分」を求め、「年少の子どもたちとごっこ遊びをすること」にそれを見出す。Ｔ男は、そこに、十分な充実感を感じることができた。Ｔ男は、このことと平行して、１人（ゴレンジャーになりきって）三輪車を乗り回すことをし、さらに、年少の子どもたちと三輪車を乗り回すということをする。Ｔ男は、そこにおいて十分な充実感を感じることができた。そして２学期に入り、Ｔ男は、年少の子どもたちと仲間意識を形成し、その中心的な存在として、三輪車を乗り回すということをし、そこでも、十分な充実感を感じることができた。十分な充実感を感じることができたので、次に、年少の子どもたちとの遊びを超えて、年中の子どもたちと遊びたいという願いを形成し、そして、実現していこうとするのである。

Ｔ男は、年中の泥団子作りをしている子どもたちに声をかけようとする。その声かけは、どうなったのだろうか。年中の子どもたちは、それに応えてくれたのだろうか。氏は、次のように述べている。その子どもたちは「泥団子作りをしながらも、そのＴ男の意志や行動に応じており、Ｔ男とのかかわりを楽しんでいた」。[11] つまり、年中の子どもたちは、Ｔ男の声かけに応え、Ｔ男とかかわっていこうとする。

では、この、Ｔ男と年中の子どもたちとのかかわりは、この後、どのようなものになっていくのだろうか。 Ｔ男は、これら年中の子どもたちと遊ぶことができるようになるのだろうか。この点については、高嶋氏はもはや述べていない。それゆえ、どうなったのか、もちろん分からない。だが、筆者は、Ｔ男はこれら年中の子どもたちと遊べるようになるのではないかと考える。Ｔ男は、年中の子どもたちのごっこ遊びをやめてしまったあと、年少の子どもたちとのごっこ遊びを積み重ねてきている。それゆえ、Ｔ男が、２学期になって、年少の子どもたちと仲間意識をもって、三輪車を乗り回すという遊びをしたとき、T男は、ゴレンジャーごっこの全体を思い浮かべ、話し合って、ゴレンジャー１号の役をとるということは十分考えられる。また、「自分はゴレンジャー１号の役をするのだ」とはっきり意識してゴレンジャー１号の役を演じる、ということは十分考えられる。T男は、２学期（９月）の年少の子どもたちとの遊びにおいてこのようになってきているので、12月の時点で、年中の子どもたちとごっこ遊びをしようするときには、ゴレンジャーごっこの全体を思い浮かべ、話し合って、ゴレンジャー１号の役をとるということをしようとする。また、「自分はゴレンジャー１号の役をするのだ」とはっきり意識してゴレンジャー１号の役を演じることをしようとするようになるのではないだろうか。その結果、年中の子どもたちとのごっこ遊びを遊ぶことができ、十分な充実感を感じることができるようになるのではないだろうか。[(12)]

第３節　M子の事例

村田陽子、友定啓子は、その著『子どもの心を支える　保育力とは何か』の第３章において、ある子ども（村田陽子氏はこの子どもをM子と呼んでいる。本稿でもM子と呼ぶことにしたい）の、入園したときから卒園するまでの姿を——担任保育者（村田陽子氏）がM子をどのように理解しどのように働きかけたかということも含めて——詳しく述べている。ここでは、氏のその記述に基づき、M子のその姿を述べることにしたい。

M子は、幼稚園の年中児クラス（４歳児クラス）に入園してきた。

年中児クラスの時のM子の様子を、村田先生は、次のように述べている。

> 入園後５月連休明けから１学期終わりにかけては、友達とのかかわりがうまくいかず、母親を追って泣くという不安定な姿を見せた。
>
> その後２学期の半ば頃までは、保育者のそばで遊び、保育者の姿が見えないと泣きながらさがすこともあった。友達に対しては、保育者

の周囲ならば、少しずつ関わりがもてるといった状態であった。

３学期になると、友達を求める気持ちは強くなってきたが、自分の思うようになってくれる相手、自分がリードしていける相手としか関わろうとしなかった。相手に対して強い言動を見せることが多く、相手の方が離れていくという状態であった。[13]

このように、M子は、１学期では母親を追って泣く。２学期半ば頃までは——保育者のそばで遊び——保育者の姿が見えないと泣く、ということをしている。また３学期には「自分の思うようになってくれる相手……としか関わろうとせず」「相手に対して強い言動を見せること」が多い。

M子のこれらの姿をみると——これは筆者の解釈であるのだが——M子は、親から十分な愛情を受けていないように見える。親から「気持ちを向けてもらったり（注目されたり）、理解されたり（共にされたり）すること」、「大切な存在として受け入れられること」、「認められること」などが、少ないのである。

そのためM子は、一つには、親（保育者）が自分のもとを去ろうとすると、親（保育者）はもはや自分に愛情を与えないのではないか、自分をすて去ってしまうのではないかと不安になる。不安になるため、「親を追って泣く」「保育者の姿が見えないと泣きながらさがす」ということをする。

そのためM子は、二つには、親に愛情を与えてくれることを強く求める。そして親だけではなく、保育者や子どもにも強く求める。子どもに対しても強く求めるため、自分を「理解し、受け入れ、認めてくれる」子ども（相手）、つまり、「自分の思うようになってくれる相手」としかかかわろうとしない。また相手の子どもが、自分の思うようにしてくれない、つまり自分が求めるように「理解し、受け入れ、認めて」くれない場合には、相手の子どもがそのことをするよう「強い言動」にでる、ということをする。

だが、こうしたM子も、まわりの人からの愛情を受け、少しずつではあるが、子どもたちに心を開き、遊ぼうとするようになる。２学期には「友達に対して、保育者の周囲ならば、少しずつ関わりができる」ようになり、３学期になると「友達を求める気持ちは、さらに強いもの」となった。

M子は、翌年の４月、年長児クラスに進級した。担任の保育者は、村田先生に代わった。

年長児クラスの始業式の日、M子は、担任となった村田先生に、次のようにかかわろうとする。「始業式の時」「母親と一緒に保育室に入ってきたM子は」、「私をみるなり、『村田先生だ』と叫び、ニコニコニして走ってくる。」。[(14)] M子は――始業式の前のどこかで村田先生が自分の担任になったことを知ったのだろう――村田先生が自分の担任になったことを受け入れ、また喜び、そのことを村田先生に伝えようとする。

一方、村田先生は、この時――それまでのM子の「担任にまとわりつき、ちょっとしたことですねたりしていた」[(15)] という姿を踏まえ――M子に「心をそそいだり、大切に対処したい」[(16)] と考えている。つまり、村田先生は、M子を「理解する（共にする）こと」「大切な存在として受け入れること」「認めること」、つまり愛情を与えることをしようとしている。村田先生は、このことを言葉で伝えるだけなく、M子に対するまなざし、表情、そしていろいろな動作を通して伝えようとしている。

この始業式の時、M子はまた、年中の時同じクラスであったK子に、自分の方から「また一緒だね」と声かける。そして「K子ちゃん！ここへおいで！」と呼び、K子を「自分のそばに腰かけさせる」[(17)] ということをしている。つまり、M子は、ここで、K子とかかわりたいと思い、その思いを自分から伝えようとしている。

M子は、この始業式の時、K子にかかわろうとする姿をみせるのであるが、年中の時のM子とK子との関係はどうだったのだろうか。村田先生は次のように書いている。「２人は昨年同じクラスであっても、さほど親しい関係ではなかった。K子も昨年の１学期頃は先生の周りで遊んでいて、そこで集まった友達と遊んだり、時にその遊びの中心的存在になったりしていたようである。どちらかといえば、勝ち気でわがままなM子にとっては、むしろじゃまな存在であったようである。」[18] しかし、このような関係であったのにもかかわらず――村田先生によると――「M子は、K子を1年間そばで見ていて」K子にかかわりたいと感じていた。「それはK子のものにこだわらない淡泊な性格か、思いやりのある優しい人柄なのかよくわからないが」、いずれにしても「年中の時は、その気持ちを率直に表現することができなかったのだろう。」[19]

つまり、M子は、年中の時1年間、K子をそばで見ていて、K子が自分の求めていることを満たしてくれると思った。既にみたように、M子は十分な愛情を受けていない。そこで、親、保育者だけでなく、子どもにも、自分を理解し、受け入れ、認めてくれることを強く求めた。K子は「思いやりのある、優しい人柄」であるので、K子は自分を理解し、受け入れ、認めてくれるのではないかと思った。そこで、K子を選んだのではないだろうか。

M子は、もう一つには、一緒に遊んでくれることを求めた。K子は「淡泊な性格で」誰とでも一緒に遊ぶことができる子どもであるので、K子は一緒に遊んでくれると思ったのではないか。そこで、K子を選んだのではないだろうか。

M子は、年中の時に、K子を選び、K子とかかわりたいと思った。だが、年中の時は――村田先生によると――「その気持ちを率直に表現することができなかった」。M子は、この始業式の時、K子とかかわりたいという自分の思いを改めて明確にし、K子に伝えようとした。

一方、M子にその思いを伝えられたK子は、このM子の思いを受け入れていっている。

M子は、年長の始業式において、村田先生と、またK子と、このような関係を築いた。では、このあと、M子は、K子とどのような関係を作っていくのだろうか。村田先生は、次のように述べている。

（M子は）K子と一緒に遊び、勉強ごっこ・豆腐屋・病院ごっこ・お家ごっこ……絵を描くなど色々な遊びを楽しんだ。それらの遊びの内容は、とても想像豊で楽しいものであった。またその遊びに「寄せて」とやってくる友達には、M子もK子もほとんど「いいよ」といって気持ちよく受け入れ、一緒に遊ぶことができた。K子の方は、M子から親しまれ、一緒に仲よく遊ぼうとすることに対して喜んでいる。[(20)]

M子は、K子に、理解され、受け入られ、認められること、また一緒に遊ぶことを求める。K子は、M子を、理解し、受け入れ、認めること、また一緒に遊ぶことをする。M子は自分の求めることが満たされ、充実感を感じる。一方、K子も、M子を理解し、受け入れ、認め、また一緒に遊ぶことに、充実感を感じる。

このようにして、M子とK子は、始業式の時の関係を、深めていく方向に進んでいく。

だが、この方向に進むだけではない。M子が理解し、受け入れ、認めること、一緒に遊ぶことを求める。が、K子はそれをしない、ということもあらわれてくる。

5月22日（日）

M子は土曜日には風邪で休んでいたが、きょうは元気に登園する。K子の顔が見えないので「先生、Kっぺはまだ来てないの？」と、たずねる。K子は（中略）出席帳にシールを貼りながら、A子やH子と何か話している。遊びの相談のようである。その姿をM子はハムスターの世話をしながら見る。M子はKのばかもん！と言いながら、ハムスターを抱いて走ってK子のところにいく。M子は、口を固くとじて頭を左にかしげて、やや立腹した様子で「K！」と声をかけ、右手でK子を手まねきする。K子はとぼけたような顔をして「どうした？A子ちゃん達と一緒に遊戯室でままごとしよう」とM子を誘うように

> 言う。Ｍ子は「いや！Ｋ！ここで遊ぼうよ」と言う。それから２人はしばらくハムスターの小屋の周りで話す。
>
> 子ども用の応接コーナーでＲ子（中略）が、クッキーやケーキを作り始める。Ｒ子はＭ子達を見て、「Ｍ子ちゃんもＫ子ちゃんも、お菓子を作るのを手伝ってくれない？（中略）」という。（中略）Ｍ子もＫ子もニコニコしてクッキー作りに加わっていく。Ｍ子は「クッキーなら私にまかせてちょうだい」と得意そう。（中略）。そこへ、Ａ子とＩ子がＫ子を誘いに来る。Ｋ子は素早く立って、Ａ子達のいる遊戯室へ走っていく。
>
> Ｍ子は、クッキー作りを楽しんでいたのだが、Ｋ子がいなくなっていることに気づくと、「あっ、ＫはＡのところに行ったのか。Ｋのばかもん！」という。しかし、追いかけるようなことはせず、そのまま（中略）クッキーを作り続ける。（中略）片づけの時間になる。（中略）。
>
> あちこちの片づけを終えて、降園前の集まりの時、Ｍ子とＫ子は椅子を並べて腰掛ける。玄関前まで出ていく時も、２人は仲良く手をつないで母親のところへ行く。Ｋ子は明るい雰囲気で私とあいさつを交わして帰るが、Ｍ子は母親を見るなり立腹した顔をして、母親をたたき「あーあ、おもしろくない」とふてくされた態度を見せる。[21]

Ｍ子とＫ子は、始業式の時の関係を深めることをしてきている。しかし同時に、Ｋ子は、このように、Ｍ子とだけではなく、Ａ子、Ｉ子ともかかわろうとする。

Ｍ子は、Ｋ子が、自分とだけではなく、自分以外の他の子どもとかかわろうとするのをみると、不安になる。また、イライラし、攻撃的になる。

ところで、始業式の時、Ｍ子は、Ｋ子に、二つのことを求めた。一つは、注目してほしい、大切な存在として受け入れてほしい、認めてほしい、ということである。もう一つは、一緒に遊んでほしい、ということである。始業式のとき、Ｍ子はＫ子にこの二つのことを求め、それに対して、Ｋ子の方は、Ｍ子に注目し、受け入れ、認め、また一緒に遊ぶことをした。K子が、このことをすることにより、M子は求めることが満たされ充実感を感じる。そこでさらに、K子にこのことを求める。それに対してK子は、注目し、受け入れ、認め、また一緒に遊ぶことをする。このようにして、この関係を深めていくということをした。

しかし、どうなのだろうか。M子が、K子に求めるこの「注目し、受け入れ、認めてほしい」ということは、K子という子どもが、そのことを行い満たすことのできるものなのだろうか。

このM子の求める「注目し、受け入れ、認めてほしい」ということは、M子だけに限らず、子どもならどの子どもも求めるものである。また、相手の子どもであるK子が行う「注目し、受け入れ、認める」ということも、何もK子だけが行うことではない。相手の子どもならどの子どもも行うことである。それゆえ、この問題は、M子とK子の関係だけに限定されるのではなく、子どもと子どもとの関係一般の問題でもある。

たしかに、子どもが一緒に遊ぶとき、相手の子どもは、一緒に遊ぶ子どもに対して、「注目し、受け入れ、認める」ということをする。例えば、一緒にゴレンジャーごっこをし、子どもがゴレンジャー1号になりきって振る舞っているとき、相手の子どもは、その子どもが「ゴレンジャー1号になっていること」を受け入れる。また、子どもが「自分は強く大きいゴレンジャー1号である」と認識しているとき、相手の子どもは「○○は強く大きいゴレンジャー1号である」と認めるということをする。

たしかに、こうである。だが、子どもの「注目し、受け入れ、認めてほしい」という求めが強い場合には、あるいは絶えず求める場合には、相手の子どもが、その子どもの求めを十分満足させられる程度にまで、「注目し、受け入れ、認める」ことは、できないのではないだろうか。筆者は、愛情が十分でないと思われる多くの子どもにかかわってきた。その子どもが筆者に「注目してほしい、受け入れてほしい、認めてほしい」と求める。筆者は、「注目し、受け入れ、認めよう」とする。しかし、激しく求めるため、また際限なく求めるため、その求めを十分満足させられる程度にまで「注目し、受け入れ、認める」ことは、なかなかできない、ということを実感させられた。その子どもの求めが強い（あるいは絶えず求める）場合、その求めを十分満足させる程度にまで「注目し、受け入れ、認める」ことは、子どもの場合だと、ほぼできないと感じる。親や保育者のみができることであると感じる。つまり、子どもが注目し、受け入れ、認めることを求めるが、その程度が強く、また絶えず求める場合には、相手の子どもが、その求めを十分満足させる程度にまで、それをすることができないということが、子どもと子どもの人間関係には、内在しているのである。

このことが、子どもと子どもの人間関係に内在している。この場合、M子はK子に注目し、受け入れ、認めてくれることを、強く、また絶えず求める。しかしK子の方は、求められる程度にまで、M子を注目し、受け入れ、認めることは、できないのである。K子が、求められる程度にまで、注目し、受け入れ、認めることをしないということは、どうしても避けることができないことなのである。

また、どうなのだろうか。M子が、K子に求める「一緒に遊んでほしい」ということは、K子という子どもが、そのことを行い満たすことのできることなのだろうか。このM子の求める「一緒に遊んでほしい」ということは、M子だけに限らず、子どもならどの子どもも求めることである。また、相手の子どもであるK子が行う「一緒に遊ぶ」ということも、何もK子だけが行うことではない。相手の子どもならどの子どもも行うことである。それゆえこの問題も、M子とK子の関係だけに限定されるのではなく、子どもと子どもとの関係一般の問題でもある。

たしかに、相手の子どもは、子どもと一緒に遊ぶということをする。だが、それは、相手の子どもがその子どもと遊ぶことによって喜び（充実感）を感じる、それゆえ、その子どもと遊びたいと思う、ということが前提条件である。この前提条件があるときには、相手の子どもは、一緒に遊ぼうとする。

しかし、どうであろうか。この前提条件がある場合であっても、子どもの一緒に遊びたいという求めが強い場合、あるいは絶えず求める場合には、相手の子どもは、求められる程度にまで、一緒に遊ぶことはできないであろう。また、相手の子どもに他に遊びたい子どもがおり、その子どもとも遊びたいと思う場合にも、求められる程度にまで、その子どもと一緒に遊ぶことはできないであろう。こうしたことは、子どもと子どもの人間関係に内在していることである。

このことが、子どもと子どもとの人間関係に内在している。この場合、M子は、K子に一緒に遊ぶことを、強く、また絶えず求める。しかしK子の方は、求められる程度にまで、一緒に遊ぶことは、できないのである。このことは、どうしても避けることができない。

この5月22日の場面においては、この子どもと子どもの人間関係に内在していることが、あらわれるということになっている。その結果、M子は、K子から「注目し、受け入れ、認めて」もらえない、また一緒に遊んでもらえない、という事態に直面させられる。この事態に直面させられたとき、M子は、「注目し、受け入れ、認めてもらえない（自分である)」と認識する。また「一緒に遊んでもらえない（自分である)」と認識する。このように認識し、悲しくなる。不安になる。また、自分に注目してくれない、一緒に遊んでくれないK子に対する怒り（攻撃性）が生じてくる。

そこで、M子は――K子がA子と何か話しているとき、あるいはK子がA子たちの所へ行ってしまったとき――「K子のばかもん！」という、ということをする。

だが、ここでのM子は――村田先生によると――怒りの表現やその後の行動において、年中の時と比べて、大きな変化を示している。普通子どもは、相手に対する怒りがわいてくると、それを直接相手に向け、相手を攻撃する。「○○が悪い」「○○のばか」といったり、直接叩いたりする。M子も、ここではたしかに、「K子のばかもん！」ということをしている。だから、その怒りを直接K子に向けているように見える。だが、そうではない。M子は、その怒りを直接K子に向けることを抑制しているのである。M子が「K子のばかもん！」というとき、M子は、その怒りを直接K子に向けることを抑制し、その怒りをむしろ発散させているのである。[(22)]「K子のばかもん！」といってその怒りを発散させ、そしてそのことによって、「降園前も保育室をでる時も、なにもなかったような様子でK子のそばに腰かけてさせ仲良く手をつないで」いくことをする。つまり、K子との遊びを続けていくことをするのである。

さて、M子は、これまで述べてきたように、始業式の時に形成したK子との関係を、深める方向で進んでいる。が、他方では、この５月22日の場面にみられるように、K子が、M子が求めるほどには、注目し、受け入れ、認めることをしない、また一緒に遊ぶことをしない。そのためにM子は、「注目し、受け入れ、認めてもらえない（自分である）」と認識し、また「K子に一緒に遊んでもらえない（自分である）」と認識する。このように認識し、悲しくなる。不安になる。また、K子への怒り（攻撃性）がおきてきて、K子を攻撃したくなる、という方向へと進んでいく。この後者の方向へと進んでいくということは、子どもと子どもとの人間関係に内在したものであり、ある条件のもとでは、避けることできないものなのである。

では、このあと、M子とK子はどのような関係を作っていくのであろうか。夏休みが開けた９月上旬のM子とK子の様子は、次のようである。

R子が「七人の小人の劇をしよう」と言って、学級の友達を誘ったことで、みんながR子の作ったストーリーで、七人の小人の劇をすることになる。R子が、「白雪姫になりたい人？」と尋ねると、M子は「はーい」と大きな声で返事をして手をあげる。それでM子が白雪姫に決まる。次にR子が「魔女になりたい人？」とたずねる。すると今度は、K子が「はーい」といって手をあげ、「M子ちゃんが白雪姫になるのなら、魔女になってあげる」と言う。[(23)]

ここでは、M子とK子との関係はこのようなものになっている。このような関係になった背景を村田先生は次のように述べている。

４月から徐々にM子とK子の関係は、揺れ動きながらも深まりをみせていた。お互い手をあげて気持ちを通いあわせたり、ニッコリしたり、また「K！」「M！」と名前を呼びすてにし合うことで、気持ちを確かめ合い、仲よしとしての心のきずなはどんどん強くなってきている。そのような２人だからこそ、白雪姫と魔女という大変な関係の役を２人で演じようという気持ちになれたのであろう、と思うのである。(24)

この９月には、この９月８日の場面にはっきりとあらわれているように、M子とK子はその関係をさらに深める方向に進んでいる。

しかし、このようでありながら、K子がM子とだけ遊ぼうとするのではなく、他の子どもと遊ぼうとすることは続く。特に、次のように、M子が何日か休んだあと登園するときなどは、このことがよりはっきりとあらわれる。

10月20日（金）

M子は、ディズニーランド旅行のため、幼稚園を３日間休んだが、きょうはおみやげをいっぱいもって元気に登園する。登園するなり、M子はK子にニコニコして話しかけ、一緒に遊ぼうとする。ところが、K子は「A子やH子達と高鬼をする！」と言って、M子のそばを去る。M子は「Kのばかもん！」と言ってから、私の所へ来て、ディズニーランドでの楽しかったことを、たくさん話してくれる。そのうち紙とマジック・鉛筆を出してきて、ディズニーランドの絵を描き始める。(25)

M子は、ディズニーランド旅行をし、幼稚園を３日間休む。そしてこれまで関係を深めてきているK子に、その旅の思い出を聞いてほしいと思う。また一緒に遊んでほしいと思う。M子は、注目され、受け入れられ、認められることを求めてきた。ディズニーランドを旅行し、多くの体験をした。その体験を、K子に受け入れ、認めてほしい。M子がこのように思うのは、当然のことである。M子は、また、ディズニーランドを旅行し、その間K子と遊ぶことをしていない。K子と一緒に遊びたいと思うのは、当然のことである。

しかし一方、K子の方はどうかというと、K子は、M子が幼稚園を休んでいる間、A子などと遊んできている。その遊びが面白かった。だから、今日もその続きをしたいと思ったのであろう。こうでない時には、K子は、受け入れ、認めること、また一緒に遊ぶことができたかもしれない。が、K子はこの時、その遊びの続きをしたいと思っていた。そのため、それを受け入れ、認め、一緒に遊ぶことができない。「A子やH子たちと高鬼をする」といって、M子のそばを去ってしまった。このことは、子どもと子どもの人間関係に内在することであるが、この内在することが、この場合に、こういう形であらわれたのである。

M子は、ここで、K子が注目し、受け入れ、認めてくれない、遊んでくれないという事態に、再び、直面することになる。M子は、「注目されない、受け入れられない、認められない」「一緒に遊んでもらえない」と認識する。不安になる。とともに、K子に対する怒り（攻撃性）がわいてくる。

M子は、K子に対する怒りがわいてくる。これまでのM子は、それを直接K子に向けることを抑制してきた。この場合も、M子は「K子のばかもん」といったあと、村田先生の所にいき、ディズニーランドでの楽しかったことを話すということをしているのだから、怒りを直接K子に向けることは抑制しているようにみえる。

だが、そうではない。

M子は、登園するとすぐ、旅行の話しを聞いてほしい、一緒に遊んでほしい、とK子に求めた。それに対して、K子は「A子たちと高鬼をするのだ」と拒否した。このやりとりの中で、K子は、感情的にキレてしまったようである。「M子とは絶交よ」とついいってしまう。M子は、この言葉に怒りがわいてくる。逆に「自分の方から絶交してやる」と思うようになる。村田先生は、次のように書いている。「M子は『Kに遊ぼうっていったら、KはA子ちゃん達と遊んでいるから遊べん』。『Mとは絶交よ』っていったもん。ふん。Mの方から絶交するよ」と言い、とても怒っている」[26] M子は、これまで、その怒りを直接K子に向けることを抑制してきたのだが、はもや、抑制することはできなくなる。M子は、もはや抑制することができなくなり、次のように、直接K子に対して怒りを向けてしまうことになる。

> その後のお弁当時に、M子は「みんなに、ディズニーランドのおみやげのことを話したい」と私に言って来る。そしてM子は、「Mがみんなにおみやげ配ってあげるけど、Kには配ってあげない。おみやげ、Kにあげたくない。でも、それじゃあKがかわいそうだから、先生がKに渡してね」と言う。(中略)。そしてお弁当が終わると、M子はみんなにディズニーランドの話を10項目に分けて話す。(中略)。ほとんどの子ども達は、M子の話しに目を輝かせて聞き入る。M子の話が終わるとあちこちへ遊びに行く。
>
> M子は私に「先生！Kを呼んで来て！」と言う。私は「Kちゃんと仲直りするのかな？」と言う。M子は、「いいから。先生、呼んで来て！」と叫ぶように言う。(中略)。私はきっとK子と和解するだろうと思い、Y子やU子と一緒にK子を呼んで来る。
>
> K子は笑顔で保育室に入る。するとM子はK子に向かって「私がさっきディズニーランドの話をみんなにしていたとき、K子とA子とH子とN子だけがおしゃべりばっかりして、全然私の話を聞いてくれなかったでしょう。Mの話を聞きたくなかったのか」と強い口調でK子を責める。K子はそれを聞いて、また立腹した顔をして、廊下を走って庭にでていく。[27]

M子が、注目し、受け入れ、認めること、また一緒に遊ぶことを求める。しかしK子がそれをすることができないということは、子どもと子どもとの人間関係に内在していた。そして、このこと、すなわち、M子がK子に対する怒り（攻撃性）を、もはや抑制できなくなり、直接K子に向けてしまうということも、やはり、子どもと子どもの人間関係に内在することであるといえよう。

この10月20日の場面は、この子どもと子どもの人間関係に内在することがあらわれ、M子は、K子を直接攻撃してしまうということになる。そしてその結果、これまで築いてきたK子との関係を、破壊してしまうことになる。

ただ、この10月20日の場面では、担任の村田先生が、このようになってしまった２人の気持ちを深く理解し、共に悲しむ。そして、２人がその関係を修復することができるよう「それぞれの気持ちを伝えること」をする。

私はK子に「先生は２人の気持ちがよくわかるの。どっちも悲しい気持ちになってることがよくわかるの。だから先生もとても悲しいの。２人のことがとても心配なの」と話す。するとK子は「先生、心配せんでいいよ。K、大丈夫だから」と大きい涙をポロポロと出して言う。そして私がM子の方へ行くと、K子もついてくる。私はM子にも同じことを話す。するとM子も涙を浮かべて「先生！ここから出てちょうだい。みんなも出てちょうだい。K！K！Kちゃんとだけにしてちょうだい」と言う。

私は、K子をM子のところへ行かせる。私も実習生も子ども達も、みんな廊下へでる。M子とK子は黙っているが、近づいている。そのうちK子が廊下に出て、私のところに来る。「仲よしになった！。２人ともごめんねって言えなかったけど、ニッコリして仲よしになれたの」とK子はとてもうれしそうに言う。私はK子のそのことばを聞いて「ああ、よかった！先生もうれしくなった！」と言って喜んだ。それを聞いてM子が「先生、心配しなくてよいのに。Kと私は本当は仲よしなんだから！Kのおみやげ、私が渡すからね。先生いいよ」ニコニコして言う。

降園時の集まりの時は、一番前の列にM子とK子が椅子を並べて腰をかける。

おみやげのキャンデーを配る時も、チョコレートを配る時も、M子はK子に一番に渡す。そして帰る時も、２人は手をつないで、互いにとてもうれしそうな明るい表情を見せる。(28)

このときのM子の、そしてK子の心の動きは見事である。K子は、村田先生の「２人の気持ちはよく分かるの。どっちも悲しい気持ちになってることがよくわかるの。だから先生もとても悲しいの。２人のことが心配なの」という気持ちを受けとめる。そして「今は怒りでいっぱいであるが、このまま終わってしまうのではなく、関係を修復していくよ」と気持ちになったのではないかと思われる。村田先生に「先生、心配せんでいいよ。大丈夫だから」という言葉を返している。そして、M子の気持ちを理解し、M子が自分を非難したことを許そうとする。一方M子の方も、村田先生の気持ちを受けとめ、そして、K子の気持ちを理解し、K子がつい「絶交よ」といってしまったことを許そうとする。お互いの気持ちを伝え合って、このことを行う。これまでM子とK子は、その関係を深めてきた。それを基盤にして、こうした気持ちのやりとりを行ったのだと思われる。

この10月20日には、子どもと子どもの人間関係に内在している二つのことが、鋭い形であらわれてしまう。これまで築いてきた関係を破壊することにまで進んでしまう。だが、村田先生が２人の気持ちを深く理解し、共に悲しんだ。M子とK子は、村田先生の気持ちを受けとり、壊れてしまった関係を修復することを行う。

こうしたことをする。では、こうしたことをしたあとの、M子とK子の関係はどうであろうか。村田先生は、12日ぐらい後の、次のような事例をあげている。

11月２日（木）

M子は元気に登園し、動物好きなD子やT子もM子のそばに来て、一緒にハムスターの世話する。K子が登園すると、入り口近くでハムスターの世話をしていたM子が、K子を見るなりニッコリして、右手をあげて「Kっぺ、おはよう！」と大きい声をかける。K子もニッコリして「おはよう」とあいさつを交わす。その後、K子はA子とH子と一緒にカバンを背負って庭を歩きまわる。学校ごっこをしている様子である。

M子は「先生！絵の教室を開きたいの。あちらのテラスの方へ机をたくさん出したいんだけれど、手伝って」と言う。「Kっぺはどこに行ったかな」とひとりごとを言いながら保育室から出て行く。K子の方は、もう学校ごっこを止めて、玄関ホールの図書コーナーで本を読んでいた様子。M子の誘いで、K子も絵の教室遊びをする気になったらしく、M子と一緒にいい顔で保育室へ戻ってくる。K子は花びんの花をみて描き始める。M子は、〝たのしいえのきょうしつ〟と色とりどりのマジックを使って描き、それをガラス戸に貼る。そして弁当時、K子はA子・H子・N子と一緒に、同じテーブルでお弁当を食べる。M子は、K子の動きをしっかり見定めてから、あちこち見渡し、さっき一緒に遊んだS子のいるテーブルに着く。[(29)]

12日後の11月２日。M子とK子は、このように、M子がK子を誘いK子もそれに応じて一緒に遊ぶという姿を見せている。だが、そうであるが、K子はA子たちとも遊ぶ。10月20日に、K子とM子は、「絶交よ」といってしまったことを謝り、関係を修復した。だがそれは、K子が、A子たちとはもう遊ばない、M子とだけ遊ぶ、ということまでに踏み込んだものでははなかった。Ｍ子とＫ子は、たしかに関係を修復することはしたのだが、その後のＭ子とＫ子との関係はこうした前と同じものになっている。

この時点でも、Ｍ子は、Ｋ子に「注目してほしい、受け入れほしい、認めてほしい、一緒に遊んでほしい」という気持ちを持っている。しかし、Ｋ子はそれをしない。Ｍ子は、「Ｋ子は自分と遊ぼうとしない。Ａ子たちと遊ぼうとする」と認識し、悲しくなる。不安になる。と同時に、Ｋ子に対する怒りがわいてくる。だが、その怒りを直接Ｋ子に向けてしまうことは、もはやしない。そのことをしたら、Ｋ子との関係が崩れ去ってしまうことを身をもって知ったからである。Ｍ子は、もはやそういうことはせず、不安になったとき、村田先生の所にいく。「Ｋ子の方は……Ａ子と一緒に時を楽しむ姿をよく見かけるようになってきている。その度に、Ｍ子は少し不安定な心情になり、私のところにやってくる」村田先生はＭ子の気持ちを理解したり、その都度「おもしろくないね」「悲しいね」「Ｍちゃんの気持ちが私にはよくわかるよ」などの言葉をかけ、Ｍ子の気持をできるだけ「そのまま受けとめるように」[30]している。このように受けとめてもらって、Ｍ子は不安定になったその心をたて直している。

11月２日のＭ子とＫ子の関係は、10月22日にその関係を修復したのにもかかわらず、前と同じものになっている。子どもと子どもの人間関係に内在していることが、そのまま、あらわれることになっている。

これは、筆者による推測であるが、Ｍ子は、ここで、自分は、注目されること、受け入れられること、認められること、また一緒に遊んでくれることを求めるが、Ｋ子はそれをしない。このことはもはや解決できない。これからもずっと続く、ということを感じとっているのではないかと思う。

もし、そうであるのならば、Ｍ子は、この事態をどうしようとするのだろうか。あきらめてしまうのだろうか。それとも打開していこうとするだろうか。

M子がこの事態を打開するには――K子はもうそれをしてくれないのだから――それをしてくれる他の子どもを探し見出していく、ということが考えられる。このことが、この事態を打開する唯一の方策であるように思われる。村田先生も、M子がそういう子どもを探し見い出すことを願っている。「私は、M子がK子との関係だけに安住したり、K子の動きに動揺するのではく、もっともっと他の友達との関係に目を開き、他の友達と遊ぶことに楽しさや達成感を味わうようになってほしいと願った。」(31)

M子は、あきらめてしまうのであろうか。あるいは、打開する唯一の方策である他の子どもを探し見出していくということをするのだろうか。それとも……。

11月28日（火）

M子は、自動車会社見学のおみやげを持って登園する。R子やS子・W子・B子・C子達は、M子を囲んで、どこへ行ってたのかたずねる。そのうちR子が、「昨日の続きのサイコロレストランをしよう」と言って、自分の周りにいる女の子達を誘う。S子とB子は、（中略）ケーキを作り始める。M子は、友達の動きをじーっと見ている。私は「M子ちゃんも、サイコロレストランを手伝わない？それとも先生と一緒にお客さんになる？」とM子に声をかける。M子は「いい！」といって、しばらく見ている。それから「ちょっと出てくるわ」と何か浮かぬ顔をして保育室を出て行く。

M子は、風組と星組の間をふらふらと歩きまわり、昨年自分のいた風組２の保育室に入って行く。(32)

上の事例から26日後のことである。

M子は、ここでは、R子たちといる。R子がサイコロレストランごっこをしようと呼びかける。M子は――R子に呼びかけられ、また村田先生にも誘われるのだが――参加しようとしない。しばらくして、その場から出て行き、「風組と星組の間をふらふらと歩きまわ」ることをしたあと、「風組２の部屋に入っていく」

M子は、ここで、このようなことをする。M子は何を求めてこのようなことをするのだろうか。

M子は、K子に「注目してくれること、受け入れてくれること、認めてくれること」、「一緒に遊んでくれること」を求めてきた。K子はそのことをする。が、しないということも多い。M子は、「注目してもらえない、受け入れてもらえない、認めてもらえない」「一緒に遊んでもらえない」と認識し、悲しさを感じる。また不安になる。このことをイヤというほど味わってきた。そして――これは私の推測であるが――11月２日ごろには、「このことは解決できない」「これからもずっと続く」ということを感じとっていたのではないかと思う。

だが子どもは――大人もそうであるが――こうした自分である（あり続ける）ことはできない。M子もそうであろう。M子は、充実感を感じられる「何か～すること」「何か～する自分」を求める。M子は、充実感を感じられる「何か～すること」「何か～する自分」を求めて、「R子たちとの遊びの場」から抜け出て「風組２の部屋に入っていく」ことをしたのではないだろうか。

では、M子は、それを見出すことができたのであろうか。

M子は、風組の部屋に入っていく。そして、そこでたまたま、ピアノでジングルベルの曲を弾く。そうすると風組の先生が「身体をゆらゆらしながら聴いてくれ」[33]る。そして、風組の子どもたちも、鈴やタンバリンをもって、M子のピアノに合わせて鳴らしたり叩いたりする。M子は、「自分はピアノを弾き、リードし、教えながら、風組の子どもたちと合奏した（自分になった)」と自分を認識する。大きな喜びを感じる。自分が求めていたこと（自分）はこれだと感じる。

M子は、自分の求めていたものを見出すことができた。「ピアノを弾き、リードし、教え、風組の子どもたちと合奏する」ということに、自分が求めていたことを見出したのである。

ところで、ここで、M子が見出したことは、これまでM子が求めていたものとはかなり異なっている。これまでM子は、K子に「注目してくれること、受け入れてくれること、認めてくれること」そして「一緒に遊んでくれること」を求めてきた。基本的には、M子が、K子に、してあげる、与えてあげるというものではなく、K子に、してもらう、与えてもらうというものである。しかし、ここでM子が見出したものは、そうではない。M子が風組の子どもたちをリードしたり、教えたり、世話したりするというものである。してもらう、与えてもらうというものではなく、してあげる、与えてあげるというものである。

だが、M子が、ここで、「リードしたり、教えたり、世話したりして、風組の子どもたちと合奏したい」ということ（願い）を見出していったということは、これまでM子が求めてきたことを知っている我々からすると、なかなか考えられないことである。これまでのM子は、親に対して、また保育者に対して、そして子どもに対しても、「注目してくれること、受け入れてくれること、認めてくれること」つまり、愛情を与えてくれることを求めていたからである。たしかに、そうであるのだが、M子は、こうしたこと（願い）を見出し形成しむるものをその中にもっていたのではないか。我々は、これまで、M子が愛情を与えてくれることを求めるという側面のみに注目してきた。だが、M子はこの側面だけでなく、リードしたり、教えたり、世話をしてやるという側面ももっているのではないか。この側面は、子どもならどの子どもももっているものである。M子の中には、こうした側面があった。ただ、これは、M子の心の中でうごめいていたものであって、しかとは捉えられない。M子は、「何か～したい」「何か～する自分になりたい」を求めて、風組の部屋に入る。そして、たまたまピアノを弾いた。そうしたら、風組の子どもたちがそれに合わせて合奏してくれた。この時、このことが具体的な姿をとった、ということができるのではないだろうか。

Ｍ子は、充実感が感じられる「何か〜すること」、「何か〜する自分」の何かを、「ピアノを弾き、リードし、教え、風組の子どもたちと合奏をする」ということに見出した。Ｍ子は、そのことをもっとしたい、と思う。

このとき、Ｍ子は——興味深いことに——自分１人ではなく、Ｋ子と一緒にしたいと思う。Ｋ子を誘おうと、自分の部屋に戻り、Ｋ子を探す。

> （中略）「Ｋ！風にジングルベルを教えよう！」とＫ子を誘う。Ｋ子は「いいよ！」と言って応じる。Ｍ子はとてもうれしそうな顔をする。Ｒ子も「わたしは明日行くからね」とＭ子にいう。Ｍ子は、「ＯＫ！」と言ってＫ子と走って風組に行く。風組では、また、Ｍ子のピアノに合わせて合奏が続く。そして片づけの時間になると、Ｍ子とＫ子はＧ先生と一緒に片づけながら「またしようね」と引き続いて合奏をする約束をする。Ｍ子とＫ子は、ニコニコしてとてもいい顔で帰って来る。[34]

Ｍ子が、風組の子どもたちと合奏することをもっとしたいと思ったとき、１人ではなく、Ｋ子と一緒にしたいと思ったということは注目に値する。

この時のＭ子がＫ子に求めることは、これまでＭ子がＫ子に求めてきたことは大きく異なっている。これまでＭ子は、注目してほしい、受け入れてほしい、認めてほしい、そして一緒に遊んでほしい、ということを求めてきた。そしてＫ子がそのことをしてくれることにより、喜び（充実感）を感じていた。だが、Ｍ子は、ここで、リードしたり教えたり、世話したりして、風組の子どもたちと合奏した。Ｍ子の中にあった、リードしたり、教えたり、世話したいということが具体的に姿をとった。Ｍ子は、自分がリードし、教え、世話して風組の子どもたちと合奏することに、大きな充実感を感じた。大きな充実感を感じたので、もはや、Ｋ子に「注目し、受け入れ、認めて」くれることを求め、そしてＫ子がしてくれることによる充実感を感じることをそれほど必要としなくなった。それゆえ、ここでＭ子がＫ子に求めることは、そういうことではない。自分がリードし、教え、風組の子どもたちと合奏する、そのことに共にかかわってほしい、ということである。これまでＭ子がＫ子に求めてきたことは全くといってよいほど、異なるのである。

そしてＫ子の方は──Ｍ子の求めがこれまでのようなことではなく「共に、リードし、教え、風組の子どもたちと合奏しよう」というものであるので──Ｍ子の誘いに快く応じている。Ｍ子とともに、リードし、教え、風組の子どもたちと合奏する者としてかかわっていく。

Ｍ子は、このようにして、Ｋ子に対して、これまでとは全く異なる新しい関係を築いていく。

Ｍ子はＫ子とともに、風組の部屋に戻る。今度は、Ｋ子とともに、リードし、教え、合奏する。大きな充実感に満たされる。Ｍ子はもっと続けたいと思う。風組のＧ先生と引き続いて合奏をする約束をする。そして、翌29日にも、Ｍ子は風組に向かう。

11月29日（水）

９時20分頃、Ｍ子は「さあ、練習しますよ」と風組にやってくる。風組の子ども達は、それぞれ楽器をもって、Ｍ子の弾くピアノに合わせて鳴らす。Ｍ子は、楽器の持ち方や鳴らし方を教える。10時になるとＭ子は、「私たちはこれから劇をするから、きょうはここまでね。お姉ちゃん、また来てあげますからね」と風組の子ども達に言う。（Ｇ先生の保育記録から）

Ｍ子は、星組に戻り、「風組さんにジングルベルを教えてきた。たいへんだったけど楽しかった！」と私に満足した様子で伝える。「ご苦労さん。風組さん喜んだでしょう」とＭ子のうれしい気持ちを受けとめると、ニッコリする。そして自分達で進めている発表会の練習をＲ子やＳ子たちと一緒に話しながら本気になってやる。[35]

この11月29日の日は、Ｋ子と一緒ではないようである。だが、M子は、風組の子どもたちに楽器の持ち方をや鳴らし方を教えたりして、大きな充実感を味わう。このあと、自分の部屋に戻り、自分たちで進めている発表会の練習を「Ｒ子やＳ子と話しながら本気になってやる」。M子のここでのＲ子やＳ子とのかかわりについて、村田先生は、「Ｋ子にあまりこだわらずに」「Ｋ子以外の友達との結びつきもでき始めて」[36]きた、と捉えている。つまり、これまでM子は、Ｋ子に、注目してほしい、受け入れてほしい、認めてほしい、一緒に遊んでほしいということを求めた。だが、Ｋ子は――M子が求めるほどには――そのことをしない。M子は、悲しさを感じ、また不安になる。そのため、M子は、Ｋ子に求めることにこだわり続けざるを得なかった。その結果、M子は、他の子どもたちにも心を向け、かかわっていくことができなかった。だがM子はここで、「リードし、教え、風組の子どもたちと合奏する」ということに大きな充実感を感じた。その結果、Ｋ子がしてくれることにより充実感を感じる、ということをあまり必要としなくなった。Ｋ子に求めることにこだわり続ける必要はなくなったので、他の子どもたちにも心を開きかかわっていくことができるようになったのである。M子は、Ｒ子やＳ子たちに対しても、新しい関係を築いていこうとする。

M子は、Ｋ子とともに風組の子どもたちを「リードし、教え、合奏」し、大きな充実感を感じた。また、Ｒ子たちとともに自分たちが進めている発表会をし、大きな充実感を感じた。そこで、これらのことに、さらに取り組んでいく。そして、とうとうこれら二つを統合した発表会をしたいと思うようになる。つまり、Ｋ子とだけ、Ｒ子たちとだけではなく、Ｋ子やＲ子たちとともに、また風組だけでなく幼稚園の子どもたち全体で、発表会をしたいと思うようになる。村田先生にも相談し、その発表会を終業式の時に行うということに決める。M子は、その発表会に向け、Ｋ子、Ｒ子たちとともに取り組んいでいく。

12月12日（火）

降園前の集まりの時、M子はピアノに向かい、ジングルベルの曲を弾き始める。すると他の子ども達は、次々に多目的室に自分の鳴らしたい楽器を取りに行き、楽器を持ってきて鳴らし始める。(中略)。1回目の時は、シンバルの男の子達がどこで鳴らそうかと考えているうちに、曲が終わってしまう。しかし2回目からは、(中略）太鼓も木琴もタンバリンも鈴もシンバルも、やりながら自分達でジングルベルの曲がきれいなものになるようにと考え、鳴らしてみる。きれいな合奏になる。M子は「ああ、満足。グー」と言って、親指と人さし指で丸を作って、私に喜びの合図をする。私もグーサインを返してやる。

（中略）降園時、M子は、落ち着いた態度で、R子と手をつないで保育室を出て行く。[(37)]

そして、終業式の日を迎える。

12月20日（水）

（中略）全園児が遊戯室に集まって（中略)、M子はさっとみんなの前に出て行き、深々とていねいにおじぎをして「今からジングルベルをします。みんながんばってやりましょう」とあいさつをする。

そして落ち着いた態度でピアノの椅子に腰をかけ、弾き始める。3歳から5歳までの全園児が、自分の好きな楽器を持って、M子のピアノに合わせて鳴らす。(中略)。それぞれいい顔で楽しみながらの、にぎやかな演奏になる。R子の太鼓と3人の星組の男の子のシンバル音が、みんなの音の間に入って、きれいな効果音になっていた。合奏が終わるとM子はまた深々とおじぎをする。

M子はニッコリして満足そうな顔である。私がM子に「きれいだったよ。みんながやってとってもよかったよ。ご苦労さん」と声をかける。M子は「ありがとう」と返事をする。そして、M子はR子やS子・

K子・T子達と一緒に楽器を多目的室に率先して片づける。[(38)、(39)]

自我の誕生した子どもは、一つには、「自分は既にいろいろなことができる自分である」と自己認識し、それを確証しようとする。もう一つには、「できる自分になりたい」と思い、それを実現しようとする。

子どもは、確証―実現することをしようとする時、もちろん、その場で、すぐ、できるという場合もある。しかし、そうでない場合もある。その場合子どもは、何度も何度も試みて、できるようになる。

だが――この第5章でみたように――確証―実現しようとしても、できない、そこで、もう一度試みるができない、そこでさらに何度も試みるがそれでもできない、という場合がある。

そのとき、子どもは、確証―実現することをあきらめざるを得ない。「自分は～することができない（自分である）」と認識し、悲しさ、苦しさを感じる。

だが、子どもは――そして大人もそうであるが――そういう、悲しさ、苦しさを感じる自分である（あり続ける）ことは、できない。A男、T男、M子に見ることができるように、そのとき子どもは、充実感を感じる「何か～すること」「何か～する自分」を求めていく。充実感を感じる「何か～すること」「何か～する自分」を求めて――T男の場合だと――「年中の子どもたちのごっこ遊びの場」からぬけでて「年少の子どもたちが遊んでいる場」へと入っていく。M子の場合だと、「年長のR子たちとの遊びの場」からぬけでて、「風組の子どもたちの遊んでいる場」へと入っていく。

T男は、年少の子どもたちがごっこ遊びをしているのをみて、自分もしたいと思う。そこで、一緒にごっこ遊びをしてみる。すると非常に嬉しい。T男は、自分の求めていた「何か～すること」「何か～する自分」はこれだと感じる。T男は、「年少の子どもたちとごっこ遊びをしたい（自分になりたい）」という（具体的な）願いを形成し、実現しようとする。

M子は、風組の部屋に入り、たまたまM子がピアノを弾き、リードし、教え、風組の子どもたちが合奏をする、ということをする。非常に嬉しい。M子は、自分が求めていたものはこれだと感じる。M子は、「自分がピアノを弾き、リードし、教え、風組の子どもたちが合奏をすることをしたい」という（具体的な）願いを形成し実現しようとする。

子どもは、確証―実現することがどうしてもできないとき、このような仕方で、全く新しい願いを形成し、そして実現する。こういう仕方で、自ら成長しようとするのである。

本書では、「子どもは自ら成長しようとするのだ」ということを、いろいろな側面から考察してきている。

子どもは、このような仕方でも、自ら成長しようとするのである。

【註】

（１）高嶋景子「子どもの育ちを支える『場』について考える―他者とのかかわりに難しさを抱えた子どもの事例から―」日本保育学会第55回大会発表論文集、2002年、250-251頁

（２）同上、250頁

（３）同上、250頁

（４）同上、250頁

（５）同上、250頁

（６）Ｔ男としては、もちろん、ゴレンジャー１号になりきって振る舞っているので、それは、ゴレンジャー１号として振る舞いである。だが、ゴレンジャー１号としての役を演じるというものではないので、外からみると、それは、思いのままに振る舞っているように見える。

（７）同上、251頁

（８）同上、251頁

（９）同上、251頁

（10）同上、251頁

（11）同上、251頁

（12）この事例におけるＴ男は、次のような子どもである。

入園当初、Ｔ男は、自分のクラス（年中）の子どもとも、また担任保育者ともかかわろうとせず、１人三輪車に乗って遊ぶ。しかしそこで充実感を感じ、次にＳ男と三輪車に乗って遊ぶようになる。そこで充実感を感じ、さらに年中の子どもたちとごっこ遊びをするようになる。

T男は年中の子どもたちとごっこ遊びをするようになるが、話し合ってゴレンジャー1号の役をとることはしない。またゴレンジャー1号の役を演じるということもしない。そのため、年中の子どもが受け入れなくなる。T男は、悲しさを感じ、年中の子どもたちのとごっこ遊びやめてしまう。充実感を感じられる「何か～すること」「何か～する自分」を求め、年少の子どもたちとのごっこ遊びにそれを見出し、年少の子どもたちとごっこ遊びをするようになる。

一方、保育者は、T男に働きかけようとする。

保育者が子どもに働きかけようとするとき、その働きかけは、大きく二つに分けられる。

一つは、保育者が子どもをよく理解し、その子どもをどんな子どもに育てたいのか考える（保育者が考える「その子どもをどんな子どもに育てたいのか」、その子どもの姿（像）を、「育てたい子ども像」と呼びたい）。そして、子どもをその育てたい子ども像のような子どもに育てようとして働きかける、というものである。もう一つは、保育者が子どもをよく理解し、その子どもがどんな「～したい（～する自分になりたい）」という願いを形成し実現しようとしているのか捉える。そして、子どもが願いを形成し実現しようとし、「～すること（～する自分）」へと成長していくことを助けるという働きかけをする、というものである。本稿では、前者を「子どもを（保育者の考える）育てたい子ども像のような子どもに育てようとする」立場、後者を「子どもが願いを形成し実現していくことを援助しようとする立場」と呼びたい。

保育者が、前者の立場、すなわち「子どもを育てたい子ども像のような子どもに育てようとする」という立場に立つならば、その保育者は、このT男に、次のように働きかけていくだろう。

入園当初、T男は、自分のクラス（年中）の子どもとはかかわろうとせず、ほぼ一日中、1人三輪車に乗って遊んでいた。「子どもを育てたい子ども像のような子どもに育てようとする」保育者は、こうしたT男の姿をみるならば、「（T男には）自分のクラスの子どもと遊ぶ子ども」に育ってほしいと思うだろう。そこでT男に、自分のクラスの子どもと遊ぶことを「させ」ようと働きかけていくだろう。

一方、T男の方は、どうか。T男自身は、自分のクラスの子どもとかかわろうとはせず、ほぼ一日中1人三輪車に乗って遊ぶ、ということを続ける。そこで充実感を感じると、次にS男と三輪車に乗って遊ぶ、ということをする。そしてそこで充実感を感じると、今度は、自分のクラスの子どもたちとかかわってごっこ遊びをしようとするようになる。

Ｔ男は、このように、保育者の思いや働きかけとは独立して、自分のクラスの子どもたち（年中）とかかわりごっこ遊びをするようなってくるのだが、保育者は、このＴ男の姿を見て「Ｔ男は保育者が育てようとした子どもに育った」と理解し、満足するだろう。

しかし、Ｔ男の方は、この年中の子どもたちとのごっこ遊びを少し行うが、しばらくすると、自分からやめてしまう。そして、年中ではなく、年少の子どもたちとのごっこ遊びをするようになる。

「子どもを育てたい子ども像のような子どもに育てようとする」保育者にとっては、Ｔ男が、年中の子どもたちとのごっこ遊びをやめてしまったこと、また年少の子どもたちとのごっこ遊びをするようになったことは——保育者は、Ｔ男を「年中の子どもたちとごっこ遊びをする子ども」に育てようとしてきたのであり、またＴ男自身も実際にそのような子どもに育ったのであるから——受け入れ難い。Ｔ男の、このことは、保育者が育てようとしてきた子ども（像）からの逃避と見える。保育者は、「（Ｔ男には）年中の子どもたちとごっこ遊びをする（続ける）子ども」に育ってほしいと思う。それゆえ、年中の子どもたちとのごっこ遊びを続け「させ」ようとするだろう。

また、こうした保育者が、「Ｔ男が年中の子どもたちのごっこ遊びをやめたのはＴ男の願いのレベルが低くかったためである」と捉えるならば、Ｔ男の願いのレベルを高めなければならないと考えるだろう。そして、Ｔ男の願いのレベルが高まるのは、Ｔ男が年中の子どもたちとのごっこ遊びをする（続ける）ことによってであると考えるだろう。そこで、保育者は——Ｔ男の願いのレベルを高めるため——年中の子どもたちとのごっこ遊びを続け「させ」ようとするだろう。

一方、Ｔ男が、年中の子どもたちとのごっこ遊びをやめたのは、Ｔ男が——その願いのレベルが低く——話し合ってゴレンジャー１号の役をとること、またゴレンジャー１号の役を演じるということをしようとしないからである。また、しようとしてもできないからである。その結果、一緒に遊ぶ年中の子どもたちがＴ男を受け入れなくなり、Ｔ男がごっこ遊びを続けていくことができなくなったのである。たしかに、小学生ぐらいになれば、一緒に遊ぶ子どもが受け入れてくれなくとも、そこで踏ん張り、一緒に遊ぼうとするということはできるようになる。だが、この時期の子どもには、できない。一緒に遊ぶ子どもが受け入れてくれない中で遊びを続けていくことは——Ｔ男がいくらしようとしても——できないのである。

それゆえ、「子どもを育てたい子ども像のような子どもに育てようとする」保育者の、年中の子どもたちとのごっこ遊びを続け「させ」ようとする働きかけは、一つには——T男は、いくら働きかけられたとしても年中の子どもたちとのごっこ遊びを続けていくことはできないのであるから——働きかけの効果の得られない（効果のない）働きかけである、ということになる。またもう一つには——T男が年中の子どもたちとのごっこ遊びを続けていくことはもはやできないのにそれをするよう働きかけるという意味で——T男を追いつめてしまう働きかけであるということになる。

子どもが、願いを形成し実現しようとする。しかし、実現しようとしてもできない。何度も試みてもできない、という場合がある。こうした場合に、子どもを育てたい子ども像のように育てようとする保育者が働きかけようとすると、その働きかけは、往々にして、このようなものになってしまう。

その働きかけが、このような、働きかける効果を得られない、また子どもを追いつめてしまうものになってしまうとき、保育者はどのようにしたらよいのだろうか。一つには、T男が、なぜ、どうして、年中の子どもたちとのごっこ遊びをやめてしまったのか、またなぜ、どうして、年少の子どもたちとのごっこ遊びをするようになったのか、を捉えることが必要である。もう一つには、年中の子どもたちとのごっこ遊びだけでなく、年少の子どもたちとのごっこ遊びにおいても、T男が願いのレベルを高めることできるということを、捉えることが必要である。

もし、保育者が前者、すなわち「なぜ、どうして」を捉えようとするならば、そのとき、T男は年中の子どもたちとのごっこ遊びを続けたいと思ったのだができなかったのだ、ということが明らかになってくる。またT男は、充実感を感じる「何か～すること」「何か～する自分」を求め、年少の子どもたちとのごっこ遊びをすることを見出していったのだということ、したがって、年少の子どもたちとごっこ遊びをすることは逃避などではなく、むしろ充実感を感じられる「～したい（～する自分)」を見出していくことである、ということが明らかになってくる。これらのことが明らかになってくると、保育者は——年中の子どもたちとのごっこ遊びを続け「させ」ようと働きかけるのではなく——T男が年少の子どもたちとごっこ遊びをすることを見出し、実現していくことを援助するという働きかけをするようになる。

次に、保育者が後者、すなわち、年中の子どもたちとのごっこ遊びだけでなく、年少の子どもたちとのごっこ遊びおいても、T男が願いのレベルを高めていくことできるということを、捉ようとするならば、次のことが明らかになってくる。すなわち、たしかに、年中の子どもたちとごっこ遊びをする方が、T男の願いのレベルはより高まるかもしれない。しかしT男は、それを——T男の願いのレベルが低いため——自分からやめてしまったのである。もしここで保育者がさせるとしても、Ｔ男はいやいやながらするということになるだろう。そしてついにはそれをやめてしまだろう。それゆえ、Ｔ男の願いのレベルが高まるということにはならない。一方、年少の子どもちたちのごっこ遊びは、Ｔ男が自分からしようとするものである。いやいやながらするよりＴ男の願いのレベルはより高まるのではないだろうか。このことが明らかになってくると、保育者は——年中の子どもたちとのごっこ遊びを続け「させ」ようと働きかけるのではなく——Ｔ男が年少の子どもたちとごっこ遊びをし、それを通して願いのレベルを高めていくことを援助する、という働きかけをするようになる。

(13) 村田陽子、友定啓子『子どもの心を支える　保育力とは何か』勁草書房、1999年、123頁
(14) 同上、124頁
(15) 同上、124頁
(16) 同上、124-125頁
(17) 同上、124頁
(18) 同上、125頁
(19) 同上、125頁
(20) 同上、128頁
(21) 同上、125-128頁
(22) 同上、130頁
(23) 同上、130-131頁
(24) 同上、131頁
(25) 同上、131-132頁
(26) 同上、132頁
(27) 同上、133-134頁
(28) 同上、134-135頁
(29) 同上、136-137頁
(30) 同上、137頁
(31) 同上、137-138頁
(32) 同上、138-139頁
(33) 同上、139頁
(34) 同上、140頁
(35) 同上、142頁
(36) 同上、142頁
(37) 同上、146-147頁

(38) 同上、148-149頁

(39) M子は、始業式のとき、注目し、受け入れ、認めてくれること、一緒に遊んくれることを求め、これをしてくれる子どもとしてK子を選び、かかわろうとした。K子は、このことをすることも多いが、しないことも多い。そのときM子は、悲しい思いをする。M子は、このことをずっと繰り返す。

M子のこうした姿をみると、保育者の多くは、「M子には、注目し、受け入れ、認めてくれる、また一緒に遊んでくれる他の子どもを探し見出してほしい」と願うのではないだろうか。ここの所が解決する唯一の道は、M子の求めることをしてくれる他の子どもを探し見出すということにあるように思われるからである。そして、村田先生が願ったこともこのことであった。

しかし、ここでのM子は、そういう他の子どもを探し見出そうとはしていない。もしかしたらM子の中に、「思いやりのある、優しい人柄」のK子でさえ——M子がいくら求めても——このことをしない、だから、K子以外の子どもがするはずはない、という思いがあるのかしれない。

M子は、村田先生が願った他の子どもを探すということではなく、全く異なる「何か〜すること」「何か〜する自分」を探し見出していく。

ただ、保育者としては、いくらM子の姿を的確に捉えることをしたとしても、M子が、「ピアノを弾き、リードし、教え、風組の子どもたちと合奏する」ということを見出していくということは、予測することはできないだろう。M子は、ここでは、保育者が予測することのできない願いを形成していっているのである。

また、M子は、こうした願いを形成し、自分から実現していこうとする。実現していこうとする中で、「リードし、教え、風組の子どもたちと合奏する」ことに大きな充実感を感じる。とともに、このことをベースに、K子と新しい関係を形成し、R子たちとも新しい関係を形成していく。

もし保育者が、M子には他の子どもを探し見出してほしい、という願いを形成し、M子に働きかける。働きかけの結果、M子は、他の子どもを見出し、その子どもに注目し、受け入れ、認めるくれること、また一緒に遊んでくれることを求める。そして、その子どもがそれをし、M子が充実感を感じる、ということになった場合には——たしかに、M子は、注目し、受け入れ、認めてもらえる充実感、一緒に遊んでもらえる充実感を感じることはできるのだが——「リードし、教え、風組の子どもたちと合奏する」という充実感、つまり、してあげる、与えてあげる充実感を感じることはできなかったであろう。また、K子やR子と新しい関係を築いていくこともできなかったであろう。

このＭ子の事例は次のことを示唆する。すなわち、子どもというのは、保育者が子どもを理解し「子どもにはこれこれの願いをもってほしいと願う」そういう保育者の願いを超えた願いを形成することがあるのだ。そして、その願いを実現するとき、保育者の願いから働きかけた子どもの願いを実現する場合より、質の高い成長をすることがあるのだ、ということを示唆する。ただし、こうしたことは、すべての子ども、すべての場合におきるというものではない。ある子ども、ある場合におきることがある、というものであろう。

保育者は、子どもが求めるがどうしても得らず悲しい思いをしていることを理解し、そして、そこから抜け出すためには子どもはどのような願いを形成していったらよいのか捉え、子どもにその願いを形成せしめる働きかけるといったことをするだけではなく、子どもが求めるがどうしても得らず悲しい思いをしていることを理解し、子どもは充実感を感じられる「何か～すること」「何か～する自分」を求め、探していくことをするので、それを見守る、ということも大切である。

また、子どもが、充実感を感じられる「何か～すること」「何か～する自分」を求め、その結果、保育者が願うのとは異なる願いを見出していったという場合には、保育者は、その異なる願いの実現が、保育者の願いから働きかけた子どもの願いを実現する場合と比べて、どのような成長をもたらすのか捉え、質の高い成長をもたらすと判断された場合には、子どもがその異なる願いを実現していこうとすることを助ける（援助）ということが大切になる。

Ｍ子の担任の村田先生がされたことは、このことであったと思われる。

Ｍ子はＫ子に求める。しかしＫ子は、Ｍ子が求めるほどには、しない。Ｍ子は悲しい思いをし、不安になる。村田先生は、このことを深く理解し、Ｍ子には「注目し、受け入れ、認めてくれる、また一緒に遊んでくれる他の子どもを見つけてほしい」と願う。このことは、保育者として、当然のことである。だが、保育者としてのその願から働きかけて、Ｍ子にそういう他の子どもを見出させることはしていない。Ｍ子は、悲しい、苦しい思いをすることを繰り返すことを通して、充実感を感じられる「何か～すること」「何か～する自分」を求め、探し、風組の部屋へと入っていく。そして、「リードし、教え、風組の子どもたちと合奏する」ことを見出す。そして、これをベースに、Ｋ子やＲ子と新しい関係を築いていく。村田先生は、Ｍ子が見出したこのこと（願い）の実現が、保育者の願いから働きかけた子ども願いを実現する場合と比べて、質の高い成長をもたらすと捉え、Ｍ子が、その願いを実現することを助ける（援助する）ということをしている。

あとがき

筆者は、本書のテーマ「子どもは自ら成長しようとする」に関して、既にいくつか論文を発表している。

・「子どもが自ら願いを形成し実現しようとすること（1）」（香川大学教育学部研究報告第Ⅰ部第127号、2007年、53-64頁）
・「子どもが自ら願いを形成し実現しようとすること（2）」（香川大学教育学部研究報告第Ⅰ部第127号、2007年、65-85頁）
・「子どもにおける『おおきい自分になった』という自覚とその展開（1）―ある2人の子どもの場合―」（香川大学教育学部研究報告第Ⅰ部第129号、2008年、49-60頁）
・「子どもにおける『おおきい自分になった』という自覚とその展開（2）―ある2人の子どもの場合―」（香川大学教育学部研究報告第Ⅰ部第129号、2008年、61-69頁）

本書は、第2章を除き――これら論文に発表した内容を踏まえつつ――新たに書きおろしたものである。

だが、第2章は、上記論文「子どもにおける『おおきい自分になった』という自覚とその展開（1）―ある2人の子どもの場合―」を加筆・修正したものである。

本書の上梓にあたって、多くの方に世話になった。

筆者が勤務する香川大学教育学部の同僚の先生方、同附属幼稚園、同附属幼稚園高松園舎の先生方などから、多くの貴重なご教示、ご示唆をいただいた。

また、本書を丁寧に仕上げていただいた美巧社、十鳥二郎氏にお礼申し上げたい。

著者略歴

鈴木　政勝（すずき・まさかつ）

1948年　生まれ

1978年　京都大学大学院博士課程単位取得退学

1990年　九州大谷短期大学教授

1999年　香川大学教育学部教授

2013年　香川大学教育学部定年退職

著書・論文

『道徳教育の諸問題』（稲葉宏雄編、福村出版、1979）

『未来を拓く人間と道徳』（竹内義彰編、昭和堂、1985）

『教育方法学の再構築』（稲葉宏雄編、あゆみ出版、1995）

『子どもの遊びと保育者の援助』（葦書房、1998）

『いきづまり打開と保育者の成長』（美巧社、2008）

『子どもは自ら成長しようとする』（美巧社、2008）

『続　子どもは自ら成長しようとする』（美巧社、2013）

など。

子どもは自ら成長しようとする

2008年12月12日　初版

2020年 9月10日　再版

著　者　鈴木　政勝

発行所　株式会社　美巧社

〒760-0063　香川県高松市多賀町1－8－10

TEL 087-833-5811　FAX 087-835-7570

ISBN978-4-86387-130-4　C1037